U0619902

上海市中等职业学校
连锁经营与管理
专业教学标准

上海市教师教育学院（上海市教育委员会教学研究室）编

上海教育出版社
SHANGHAI EDUCATIONAL
PUBLISHING HOUSE

上海市教育委员会关于印发上海市中等职业学校
第六批专业教学标准的通知

各区教育局,各有关部、委、局、控股(集团)公司:

　　为深入贯彻党的二十大精神,认真落实《关于推动现代职业教育高质量发展的意见》等要求,进一步深化上海中等职业教育教师、教材、教法"三教"改革,培养适应上海城市发展需求的高素质技术技能人才,市教委组织力量研制《上海市中等职业学校数字媒体技术应用专业教学标准》等 12 个专业教学标准(以下简称《标准》,名单见附件)。

　　《标准》坚持以习近平新时代中国特色社会主义思想为指导,强化立德树人、德技并修,落实课程思政建设要求,将价值观引导贯穿于知识传授和能力培养过程,促进学生全面发展。《标准》坚持以产业需求为导向明确专业定位,以工作任务为线索确定课程设置,以职业能力为依据组织课程内容,及时将相关职业标准和"1 + X"职业技能等级证书标准融入相应课程,推进"岗课赛证"综合育人。

　　《标准》正式文本由上海市教师教育学院(上海市教育委员会教学研究室)另行印发,请各相关单位认真组织实施。各学校主管部门和相关教育科研机构,要根据《标准》加强对学校专业教学工作指导。相关专业教学指导委员会、师资培训基地等,要根据《标准》组织开展教师教研与培训。各相关学校,要根据《标准》制定和完善专业人才培养方案,推动人才培养模式、教学模式和评价模式改革创新,加强实验实训室等基础能力建设。

　　附件：上海市中等职业学校第六批专业教学标准名单

上海市教育委员会

2023 年 6 月 17 日

附件

上海市中等职业学校第六批专业教学标准名单

序号	专业教学标准名称	牵头开发单位
1	数字媒体技术应用专业教学标准	上海信息技术学校
2	首饰设计与制作专业教学标准	上海信息技术学校
3	建筑智能化设备安装与运维专业教学标准	上海市西南工程学校
4	商务英语专业教学标准	上海市商业学校
6	城市燃气智能输配与应用专业教学标准	上海交通职业技术学院
5	幼儿保育专业教学标准	上海市群益职业技术学校
7	新型建筑材料生产技术专业教学标准	上海市材料工程学校
8	药品食品检验专业教学标准	上海市医药学校
9	印刷媒体技术专业教学标准	上海新闻出版职业技术学校
10	连锁经营与管理专业教学标准	上海市现代职业技术学校
11	船舶机械装置安装与维修专业教学标准	江南造船集团职业技术学校
12	船体修造技术专业教学标准	江南造船集团职业技术学校

目 录

CONTENTS

第二部分

上海市中等职业学校连锁经营与管理专业必修课程标准

第一部分

PART 1

上海市中等职业学校
连锁经营与管理专业教学标准

专业名称（专业代码）

连锁经营与管理(730601)

入学要求

初中毕业或相当于初中毕业文化程度

学习年限

三年

培养目标

本专业坚持立德树人、德技并修、学生德智体美劳全面发展,主要面向零售行业的线下连锁经营企业、线上零售企业或其他商贸流通等企事业单位,培养具有良好的思想品德和职业素养,必备的文化和专业基础知识,能从事商品管理、商品销售、营销推广、客户服务、连锁门店线上线下运营等相关工作,具有职业生涯发展基础的知识型发展型技术技能人才。

职业范围

序号	职业领域	职业(岗位)	职业技能等级证书 （名称、等级、评价组织）
1	连锁门店现场运营	收银员、理货员、防损员、采购员、仓库管理员、导购员	● 连锁经营管理师职业技能等级证书(四级) 评价组织:上海商学院

(续表)

序号	职业领域	职业(岗位)	职业技能等级证书 (名称、等级、评价组织)
2	营销推广	互联网营销员、营销企划员	● 互联网营销师(直播销售员)职业技能等级证书(四级) 评价组织:上海商学院
3	连锁门店线上运营	零售数据分析员、视觉营销策划员	● 门店数字化运营与管理职业技能等级证书(初级) 评价组织:中联职教(北京)科技有限公司

▌人才规格

1. 职业素养

● 具有正确的世界观、人生观、价值观,深厚的家国情怀,良好的个人品德,衷心拥护党的领导和我国社会主义制度。

● 具有爱岗敬业、诚实守信、乐于奉献、敢于承担的职业精神。

● 具有遵纪守法意识,自觉遵守连锁行业相关职业道德和法律法规。

● 具有健康的体魄与心理,养成良好的卫生习惯和行为习惯。

● 具有较强的服务意识,仪容仪表端庄大方,言谈举止文明得体,待人热情,服务周到。

● 具有较强的应变能力及动手能力。

● 具有较强的语言表达、沟通与团队协作、社会活动等能力。

2. 职业能力

● 能按要求检查进货商品,对商品进行编码并对商品组合进行配置。

● 能按规范做好营业前准备,协助主管合理进行员工管理、现场管理及安全管理。

● 能进行商品的陈列、展示与维护。

● 能使用门店销售系统进行前台信息维护、销售结算及物流管理。

● 能按服务规范接待顾客,合理运用销售和沟通技巧,促成商品或服务的销售。

● 能识别客户需求,提供个性化服务,开发及维护客户,协助主管及时处理客户的咨询或投诉。

● 能协助主管制订门店商品的采购及补货计划,实施采购供应链管理。

● 能进行商品库存管理,及时处理商品的出入库及退换货作业。

● 能协助主管策划并组织实施营销活动。

- 能编辑图片或制作短视频进行商品推广。
- 能进行线上门店的商品上架、直播销售、发货及收款等服务活动。
- 能采集门店经营相关数据并进行运营数据简单分析。
- 能依据相关法律法规的要求,实施安全和防损管理。

主要接续专业

高等职业教育专科:连锁经营与管理(530602)、工商企业管理(530601)

高等职业教育本科:企业数字化管理(330601)、市场营销(330602)

工作任务与职业能力分析

工作领域	工作任务	职　业　能　力
1 连锁门店现场运营	1-1 商品分类管理	1-1-1 能运用 ABC 分析法对商品结构进行分析 1-1-2 能制定零售商品组合方案 1-1-3 能对商品进行编码,制作商品目录 1-1-4 能进行商品分类的单品数量配置、价格带配置及品牌配置
	1-2 商品陈列管理	1-2-1 能对商品陈列空间位置及空间大小进行规划 1-2-2 能进行商品上架陈列与展示 1-2-3 能在门店出入口、通道、收银区域等区域进行商品陈列 1-2-4 能对陈列商品的品类进行分析,调配商品陈列方案
	1-3 营业前准备	1-3-1 能进行责任区营销环境布置 1-3-2 能做好营业设备调试 1-3-3 能按当日工作方案进行员工岗位安排
	1-4 门店销售服务	1-4-1 能根据服务规范迎客及送客 1-4-2 能有效倾听顾客的诉求,回答顾客咨询 1-4-3 能为顾客准确介绍商品及关联商品 1-4-4 能运用适当的方式促成商品或服务的销售 1-4-5 能及时进行商品补货上架 1-4-6 能运用收银设备完成收款 1-4-7 能主动告知顾客售后服务保障 1-4-8 能处理店与店之间的调货作业
	1-5 门店现场安全管理	1-5-1 能维持营业场所秩序 1-5-2 能检查现场消防安全设施 1-5-3 能使用现场消防安全设施 1-5-4 能处理现场停电、停水、电梯故障等突发事件

工作领域	工作任务	职 业 能 力	
1 连锁门店现场运营	1-6 客户投诉处理与客户管理	1-6-1	能协助主管针对顾客投诉制定预案
		1-6-2	能有效调节顾客与顾客之间的纠纷
		1-6-3	能有效调节顾客与工作人员之间的纠纷
		1-6-4	能对现场顾客投诉做出判断并有效解决
		1-6-5	能对客户进行回访
		1-6-6	能对客户进行分级分层分析与管理
	1-7 营业后总结及闭店工作	1-7-1	能在结束工作后填写工作日志
		1-7-2	能核对当日财务数据,填制销售报表
		1-7-3	能发现工作中存在的问题并加以改进
		1-7-4	能做好闭店前各项检查工作
	1-8 采购与库存管理	1-8-1	能对入库商品进行验收
		1-8-2	能对商品储位进行合理规划
		1-8-3	能对商品储存条件进行检查及校正
		1-8-4	能进行库存商品的盘点
		1-8-5	能查找商品损耗的原因
		1-8-6	能对商品的保质期进行检查
		1-8-7	能进行拣货作业
		1-8-8	能协助主管制订采购计划
	1-9 门店数字化管理	1-9-1	能对销售管理系统进行前台信息管理
		1-9-2	能进行收银机系统信息的设置
		1-9-3	能使用销售管理系统实现总部与门店的数据交换
		1-9-4	能使用销售管理系统实施门店进货作业
		1-9-5	能使用销售管理系统完成门店退货操作
		1-9-6	能在销售管理系统中进行商品的调价与促销设置
		1-9-7	能采集门店经营数据并进行初步分析
2 营销推广	2-1 营销方案设计	2-1-1	能结合客户消费行为特征,协助主管策划促销活动方案
		2-1-2	能结合节假日,设计门店主题营销活动方案
		2-1-3	能根据门店业务类型选择新媒体营销渠道
	2-2 社交营销推广	2-2-1	能完成社交媒体账号的注册
		2-2-2	能创建不同类型的营销社群
		2-2-3	能对营销群组进行管理
		2-2-4	能通过社群智能机器人完成常见问题的配置
		2-2-5	能进行社群营销活动的设置
		2-2-6	能制定用户注册、信息审核等社群管理制度
		2-2-7	能利用社群营销工具进行社群推广
	2-3 粉丝营销推广	2-3-1	能通过广告投放平台完成社交媒体账号推广
		2-3-2	能对发布的信息内容进行审核
		2-3-3	能制作符合品牌宣传需求的营销内容
		2-3-4	能制定粉丝活动规则
		2-3-5	能进行粉丝互动活动设置

（续表）

工作领域	工作任务	职　业　能　力
2 营销推广	2-4 口碑营销推广	2-4-1　能分析客户特征,找出符合品牌理念的意见领袖 2-4-2　能通过意见领袖,实现品牌口碑高效传播 2-4-3　能选择口碑传播的渠道 2-4-4　能创造以客户为中心的营销话题 2-4-5　能完成多渠道的话题传播,增强话题热度 2-4-6　能通过营销活动引爆营销话题
	2-5 新媒体营销	2-5-1　能进行自媒体账号的申请 2-5-2　能完成自媒体内容的上传、修改及发布 2-5-3　能在自媒体内容中使用图片、视频、音频、链接等功能 2-5-4　能使用排版工具,对自媒体内容进行编排与美化 2-5-5　能完成自动回复设置、自定义菜单、留言管理、投票管理、页面模板等操作 2-5-6　能查询后台分析统计数据
	2-6 短视频营销	2-6-1　能在短视频媒体平台进行个人和企业账号申请 2-6-2　能完成短视频媒体平台的认证 2-6-3　能完成短视频内容的基础拍摄 2-6-4　能对短视频进行简单剪辑制作 2-6-5　能在短视频平台进行内容发布 2-6-6　能对已发布视频内容进行管理 2-6-7　能以回复、点赞等方式对用户评论进行回应
3 门店线上运营	3-1 开设线上店铺	3-1-1　能选择合适的线上平台开设店铺 3-1-2　能进行店铺注册 3-1-3　能进行线上店铺的装修 3-1-4　能确定店铺调性 3-1-5　能完成选品 3-1-6　能对商品进行定价
	3-2 门店线上经营管理	3-2-1　能制作商品主图 3-2-2　能完成商品的上架 3-2-3　能进行商品直播活动 3-2-4　能通过设置优惠券、折扣券、满减等活动开展促销 3-2-5　能根据线上订单要求进行发货作业
	3-3 门店线上经营数据分析	3-3-1　能统计线上销售情况 3-3-2　能对各类消费点评平台的排名及销量等数据进行监控 3-3-3　能对本区域内的各类社交平台、线上软件平台团购顾客的网络评价反馈信息进行采集 3-3-4　能对企业各类公众账号的官方留言与粉丝互动信息进行采集 3-3-5　能采集所处商圈的相关数据 3-3-6　能进行顾客黏性分析及价值分析,进行店铺客户管理

┃课程结构

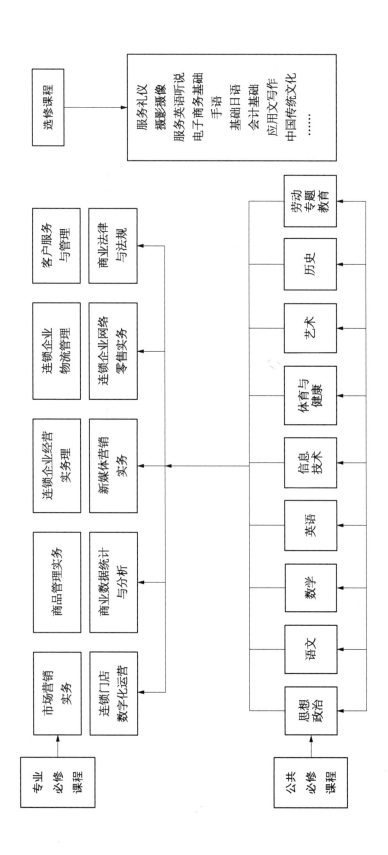

▌专业必修课程

序号	课程名称	主要教学内容与要求	技能考核项目与要求	参考学时
1	市场营销实务	● **主要教学内容：** 市场要素分析、营销环境分析、消费者行为分析、目标市场选择、产品策略选择、价格策略选择、渠道策略选择、品牌推广策略实施、广告策略实施、营销推广策略实施、社交营销推广实施、粉丝营销推广实施、口碑营销推广实施等相关基础知识。 ● **主要教学要求：** 通过本课程的学习，学生能掌握市场营销的基本原理，能完成市场要素分析、目标市场选择、营销策略选择、市场推广实施等基本业务操作。	**考核项目：**促销方案实施流程、促销方案的设计。 **考核要求：**达到连锁经营管理师职业技能等级证书（四级）相关考核的要求。	72
2	商品管理实务	● **主要教学内容：** 商品认知与分类、商品质量与检验、商品包装与养护、选品管理、主要商品类型管理等相关基础知识与基本技能。 ● **主要教学要求：** 通过本课程的学习，学生能了解品类管理的具体流程，具备商品分类、商品质量鉴别与检验方法、商品包装与养护技术要求、连锁企业选品管理等职业能力。	**考核项目：**商品结构分析、商品质量管理、商品养护管理等。 **考核要求：**达到连锁经营管理师职业技能等级证书（四级）相关考核的要求。	72
3	连锁企业经营实务	● **主要教学内容：** 连锁企业门店营运管理概述、连锁门店卖场布局、卖场内商品陈列与维护、连锁门店作业管理、营业现场服务管理、促销活动的组织和实施、门店经营绩效分析等相关基础知识与基本技能。 ● **主要教学要求：** 通过本课程的学习，学生能了解连锁企业经营的基本流程，熟悉连锁企业门店营运岗位的工作内容、职责和要求，掌握理货、收银、盘点等技能，初步具备门店经营定位、商品结构确定、卖场布局、商品采购、商品陈列、商品促销等职业能力。	**考核项目：**开店准备、售前服务、售中服务、售后服务、防损与安全管理等。 **考核要求：**达到连锁经营管理师职业技能等级证书（四级）相关考核的要求。	144

序号	课程名称	主要教学内容与要求	技能考核项目与要求	参考学时
4	连锁企业物流管理	● **主要教学内容：** 订单处理、库存管理、仓储优化、流通加工、配送管理等相关基础知识与基本技能。 ● **主要教学要求：** 通过本课程的学习，学生能了解连锁企业的物流基本流程，具备进行订单处理、商品出入库作业、商品盘点及储位调整、商品需求量预测及补货、制定商品配送方案、调配运输车辆及车辆配载等职业能力。	**考核项目：**商品的收货检验管理、商品的调拨和验收管理、商品的盘点管理、商品的物流签收管理等。 **考核要求：**达到连锁经营管理师职业技能等级证书（四级）相关考核的要求。	72
5	客户服务与管理	● **主要教学内容：** 客户潜在需求识别、客户信息维护、客户生命周期管理、客户分类管理、售前客户服务、客户异议与投诉处理、客户满意度测评等相关基础知识与基本技能。 ● **主要教学要求：** 通过本课程的学习，学生能了解连锁企业客户服务的基本知识与服务技能，能借助信息化手段识别客户需求、管理客户信息、解决客户的异议与投诉，监测和评估客户满意度，提高客户服务水平。	**考核项目：**客户需求识别、客户服务全流程要点分析、VIP客户开发、客户投诉处理、客户会员分类维护等。 **考核要求：**达到连锁经营管理师职业技能等级证书（四级）相关考核的要求。	72
6	连锁门店数字化运营	● **主要教学内容：** 门店线上推广、门店线上线下运营作业流程、门店全渠道数据采集、经营数据统计与分析等相关基础知识与基本技能。 ● **主要教学要求：** 通过本课程的学习，学生能掌握门店线上推广的渠道及推广方式，掌握门店经营数据采集与分析的基本技能，具备运用采集的数据辅助运营决策制定的职业能力。	**考核项目：**门店全渠道数据采集、门店人员管理、客户画像制作、营销推广方案制定及实施等。 **考核要求：**达到门店数字化运营与管理职业技能等级证书（初级）相关考核的要求。	144
7	商业数据统计与分析	● **主要教学内容：** 商业数据搜集与整理、行业数据分析、用户数据分析、产品数据分析、运营数据分析、数据分析报告撰写等相关基础知识与基本技能。 ● **主要教学要求：** 通过本课程的学习，学生能了解连锁零售商业数据分析相关知识和技能，掌握数据收集与整理方法，具备初步进行行业数据分析、用户数据分析、产品数据分析、运营数据分析、数据分析报告撰写等职业能力。	**考核项目：**营业数据整理与分析、消费者行为数据整理与分析等。 **考核要求：**达到门店数字化运营与管理职业技能等级证书（初级）相关考核的要求。	72

（续表）

序号	课程名称	主要教学内容与要求	技能考核项目与要求	参考学时
8	新媒体营销实务	● **主要教学内容：** 新媒体营销的内涵、新媒体营销的主要形式、新媒体营销的实施与效果评价等相关基础知识与基本技能。 ● **主要教学要求：** 通过本课程的学习，学生能了解新媒体营销的主要形式，掌握微信营销、微博营销、短视频营销、直播营销等新媒体营销方案的制定与实施等相关技能。	**考核项目：**微信营销、视频营销、自媒体营销等新媒体营销方案的制定与实施。 **考核要求：**达到互联网营销师职业技能等级证书（四级）相关考核的要求。	108
9	连锁企业网络零售实务	● **主要教学内容：** 网络零售线上平台选择和运用、线上店铺搭建、线上商品上架及定价、订单履行及收款设置、网络零售数据管理、线上营销推广方案等相关基础知识与基本技能。 **主要教学要求：** 通过本课程的学习，学生能熟悉网络零售的基本知识，掌握网店运营过程中店铺装修、商品发布、订单履行、客户服务、网店推广等相关技能。	**考核项目：**线上门店的开设、店铺装修与商品上架、网络订单的履行与结算等。 **考核要求：**达到门店数字化运营与管理职业技能等级证书（初级）相关考核的要求。	108
10	商业法律与法规	● **主要教学内容：** 民法典相关条款、知识产权法律制度、公司法律制度、产品质量法律制度、反不正当竞争法律制度、消费者权益保护法律制度、劳动法律制度、消防法、食品安全法、电子商务法、网络直播营销行为规范、消费金融管理办法等相关基础知识。 ● **主要教学要求：** 通过本课程的学习，学生能识读基本的法律文书，掌握连锁企业所涉及的商业法律法规的基本内容与具体法律制度，熟悉商业事件相关法律法规的运用，具备对连锁企业经营管理中的纠纷案件做初步法理分析的基本技能。		72

指导性教学安排

1. 指导性教学安排

课程分类	课程名称		总学时	学分	各学期周数、学时分配					
					1	2	3	4	5	6
					18周	18周	18周	18周	18周	20周
公共必修课程	思想政治	中国特色社会主义	36	2	2					
		心理健康与职业生涯	36	2		2				
		哲学与人生	36	2			2			
		职业道德与法治	36	2				2		
	语文		216	12	4	4	4			
	数学		216	12	4	4	4			
	英语		216	12	4	4	4			
	信息技术		108	6		3	3			
	体育与健康		180	10	2	2	2	2	2	
	艺术		36	2	1	1				
	历史		72	4			2	2		
	劳动专题教育		18	1	1					
	小　计		1 206	67	18	20	21	4	2	
专业必修课程	连锁企业商品实务		72	4	4					
	连锁企业经营实务		144	8	4	4				
	市场营销实务		72	4		4				
	连锁企业物流管理		72	4			4			
	连锁门店数字化运营		144	8			3	5		
	客户服务与管理		72	4				4		
	商业数据统计与分析		72	4				4		
	新媒体营销实务		108	6					6	

(续表)

课程 分类	课 程 名 称	总 学时	学分	各学期周数、学时分配					
				1	2	3	4	5	6
				18 周	18 周	18 周	18 周	18 周	20 周
专业 必修 课程	连锁企业网络零售实务	108	6					6	
	商业法律与法规	72	4					4	
	小　计	936	52	8	8	7	13	16	
	选修课程	378	21	由各校自主安排					
	岗位实习	600	30						30
	合　计	3 120	170	28	28	28	28	28	30

2. 关于制订教学计划的说明

(1) 本教学计划是 3 年制指导性教学计划。每学年为 52 周,其中有效教学时间 40 周,周有效学时为 28～30 学时,岗位实习一般按每周 30 小时(1 小时折合 1 学时)安排,3 年总学时数约为 3 000～3 300。

(2) 实行学分制的学校,一般 16～18 学时为 1 个学分,3 年制总学分不得少于 170。军训、社会实践、入学教育、毕业教育等活动以 1 周为 1 学分,共 5 学分。

(3) 公共必修课程的学时一般占总学时的 1/3,不低于 1 000 学时。公共必修课程中的思想政治、语文、数学、英语、信息技术、历史、体育与健康和艺术等课程,严格按照教育部和上海市教育委员会颁布的相关学科课程标准实施教学。除了教育部和上海市教育委员会规定的必修课程之外,各校可根据学生专业学习需要,开设相关课程的选修模块或其他公共基础选修课程。

(4) 专业课程学时一般占总学时的 2/3,其中岗位实习原则上安排一学期。学校要认真落实教育部等八部门印发的《职业学校学生实习管理规定》,在确保学生实习总量的前提下,可根据实际需要集中或分阶段安排实习时间。

(5) 选修课程占总学时的比例不少于 10%,由各校根据专业培养目标,自主开设专业特色课程。

(6) 学校可根据需要对课时比例作适当的调整。实行弹性学制的学校(专业)可根据实际情况安排教学活动的时间。

(7) 职业学校以实习实训课为主要载体开展劳动教育,其中劳动精神、劳模精神、工匠精神专题教育不少于 16 学时。

专业教师任职资格

1. 具有中等职业学校及以上教师资格证书。

2. 具有本专业相关职业资格证书(三级及以上)或职业技能等级证书。

实训（实验）装备

1. 连锁门店模拟运营实训室

功能说明：通过门店模拟运营实训室,开展门店内部布局规划、品类管理及商品陈列、连锁门店经营设备的使用与运维、顾客服务与投诉处理、促销方案实施等实训项目。

主要设备及标准(以一个标准班 40 人配置)：

序号	设 备 名 称	用 途	单位	基本配置	适用范围（职业技能训练项目）
1	千兆光纤交换机	26 口,需带 2 个光纤模块	台	2	商品陈列、连锁门店现场管理、客户服务、收银等
2	音响	功放、音箱、话筒	套	1	
3	电子白板或交互式黑板		套	1	
4	计算机		套	8	
5	打印机		台	2	
6	实物投影仪		台	1	
7	货架及商品陈列柜	根据场地大小,适量安排	套	若干	
8	陈列商品	用于实训操作	件	若干	
9	收银设备		套	4	
10	冷柜		台	1	
11	购物推车及购物篮		件	若干	
12	连锁门店经营模拟实训软件	支持"门店＋总部＋配送"的连锁企业业务流程模拟运营实训软件	套	1	

2. 连锁门店数字化运营实训室

功能说明：通过模拟智能化零售终端环境，采用射频识别(RFID)、无线网络等技术，开展包括会员管理、电子商务、智能导购、电子货架、智能收款、电子保安、电子盘点、进销存管理、手机缴费系统等实训，全面构建顾客购物的智能化及零售业务的数字化管理。

主要设备及标准(以一个标准班 40 人配置)：

序号	设 备 名 称	用 途	单位	基本配置	适用范围(职业技能训练项目)
1	音响	功放、音箱、话筒	套	1	
2	投影机	附投影屏幕	套	1	
3	电子白板或交互式黑板		套	1	
4	计算机	附耳机	台	42	
5	打印机		台	2	
6	实物投影仪		台	1	
7	多媒体交互教学系统	满足广播及交互教学需要	套	1	
8	超市智能拣选小车		辆	2	
9	小票打印机		台	4	门店经营数据采集、数据分析、门店管理系统操作、智慧门店运营等
10	门闸		对	2	
11	货架		组	8	
12	模拟商品		批	1	
13	客户管理系统		套	1	
14	门店经营模拟软件	支持"门店＋总部＋配送"的连锁企业业务流程模拟运营实训软件	套	1	
15	网上商城管理系统		套	1	
16	机器导购咨询系统设备		套	1	
17	自助收银系统设备		套	1	
18	连锁经营数据分析实训系统		套	1	

3. 连锁企业物流管理实训(实验)室

功能说明：连锁企业物流管理实训室能提供物流管理课程教学与实训所需的硬件设备和软件,主要提供连锁企业仓库仿真岗位环境,开展连锁企业物流作业中的入库、上架、理货、分拣、出库等实训,能满足"连锁企业物流管理"课程教学的基本要求以及仓储与配送操作实训的要求。

主要设备及标准(以一个标准班40人配置)：

序号	设 备 名 称	用 途	单位	基本配置	适用范围（职业技能训练项目）
1	音响	功放、音箱、话筒	套	1	
2	投影机	附投影屏幕	套	1	
3	电子白板或交互式黑板		套	1	
4	计算机	附耳机	台	40	
5	多媒体交互教学系统	满足广播及交互教学需要	套	1	
6	工业级 RF 手持终端		套	10	
7	条码打印机		台	1	
8	工业级无线基站		套	1	
9	条码打印机耗材		批	1	商品进货检验、入库操作、在库商品保管、拣货与出库、盘点、配送等
10	托盘货架		组	4	
11	小推车		辆	4	
12	手动液压托盘堆高车		台	4	
13	标准托盘		个	8	
14	半自动打包机		台	1	
15	包装耗材		套	1	
16	电子拣货系统		套	1	
17	流利货架		组	2	
18	无动力输送线		条	1	

(续表)

序号	设 备 名 称	用 途	单位	基本配置	适用范围（职业技能训练项目）
19	物料箱		个	60	商品进货检验、入库操作、在库商品保管、拣货与出库、盘点、配送等
20	补货台车		个	1	
21	周转箱		个	15	
22	模拟物料、纸箱		批	1	
23	仓储与配送教学系统	提供教学资源库，满足仓储教学需求	套	1	
24	连锁企业物流管理实训平台	提供数字化仿真实训环境，满足仓储实务综合实训需求	套	1	

说明：(1) 实训(实验)室的划分和装备标准应涵盖所有核心课程和实训(实验)需要；(2) 实训(实验)室应有足够的工位，以满足学生的动手要求；(3) 实训(实验)室设计需贴近企业实际，创建企业工作情景，以利于理实一体化教学。

第二部分

上海市中等职业学校
连锁经营与管理专业必修课程标准

市场营销实务课程标准

课程名称

市场营销实务

适用专业

中等职业学校连锁经营与管理专业

一、课程性质

本课程是中等职业学校连锁经营与管理专业的一门专业核心课程,也是该专业的一门必修课程。其功能是使学生掌握市场营销的相关基本知识和技能,具备从事营销推广相关工作岗位所需的职业素养和能力。本课程是连锁经营与管理专业的先导课程,为学生进一步学习连锁经营与管理其他专业课程奠定基础。

二、设计思路

本课程的总体设计思路是:遵循任务引领、理实一体的原则,参照连锁经营管理师国家职业技能标准的相关内容,根据连锁经营与管理专业职业岗位的工作任务和职业能力分析结果,以营销推广工作领域中的相关工作任务与职业能力为依据而设置。

课程内容紧紧围绕营销推广所需的职业能力的培养需要,选取了营销方案设计、社交营销推广、粉丝营销推广、口碑营销推广、新媒体营销和短视频营销等内容,遵循适度够用的原则,确定相关理论知识、专业技能与要求,并融入连锁经营管理师职业技能等级证书(四级)

的相关考核要求。

　　课程内容的组织以市场营销与推广方案制定与实施为主线,形成市场要素分析、营销环境分析、消费者行为分析、目标市场选择、产品策略选择、价格策略选择、渠道策略选择、品牌推广策略实施、广告策略实施、营销推广策略实施、社交营销推广、粉丝营销推广、口碑营销推广13个学习任务。以任务为引领,通过任务整合相关知识、技能与职业素养,充分体现任务引领型课程的特点。

　　本课程建议总课时数为72学时。

三、课程目标

　　通过本课程的学习,学生具备市场营销推广的基本理论知识,掌握市场要素分析、目标市场选择、营销策略选择、市场策略推广等基本业务操作,能根据实际营销情境灵活应变,创造性地参与实施营销活动,达到连锁经营管理师职业技能等级证书(四级)的相关考核要求,具体达成以下职业素养和职业能力目标。

(一) 职业素养目标

- 具有良好的职业道德,能自觉遵守行业法规、规范和企业规章制度。
- 逐渐养成认真负责、严谨细致、积极上进、守正创新的职业态度。
- 有较强的服务意识,树立顾客至上的理念,善于观察与表达,具有良好的人际沟通协调能力。
- 在服务过程中,形成诚实守信、热情周到的工作习惯。
- 勇于接受挑战和适应复杂的市场环境变化,有一定的抗压能力,吃苦耐劳。

(二) 职业能力目标

- 能准确分析市场的构成要素。
- 能运用SWOT分析法,分析营销环境对企业的具体影响。
- 能运用信息技术手段,对消费者购买行为进行数据分析,为营销推广提供消费者画像等信息。
- 能全面分析营销环境以及消费者购买行为,准确进行市场细分,并按照市场状况、顾客需求和公司特点,确定企业的目标市场、目标市场营销策略和市场定位。
- 能准确分析产品的三个层次,根据市场、企业和产品的特点,选择恰当的产品策略、定价策略和渠道策略。
- 能在市场分析的基础上,按照目标客户群体的要求,选择恰当的品牌推广、广告、营销推广、社交营销、粉丝营销、口碑营销等策略,初步设计营销方案并参与实施。

四、课程内容与要求

学习任务	技能与学习要求	知识与学习要求	参考学时
1. 市场要素分析	分析市场构成要素 ● 能依据市场的基本含义和市场要素构成，分析具体市场构成的要素	1. 市场的基本含义和分类 ● 说出市场的基本含义 ● 列举市场的基本分类 2. 市场要素的含义与构成 ● 说出市场要素的含义与构成 ● 解释市场构成的内涵	2
2. 营销环境分析	1. 分析微观营销环境和宏观营销环境 ● 能具体分析企业营销微观环境 ● 能具体分析企业营销宏观环境 2. 分析企业营销环境 ● 能分析微观和宏观营销环境对企业具体营销行为的关系与影响 ● 能对特定企业环境进行SWOT分析，并制定合适的营销竞争策略	1. 营销环境的基本概念和分类 ● 说出营销环境的基本概念 ● 列举营销环境的分类 2. 微观营销环境和宏观营销环境的分类及内涵 ● 说出微观营销环境的分类及内涵 ● 说出宏观营销环境不同分类的含义 3. 微观和宏观营销环境的影响 ● 解释说明微观营销环境对企业活动的影响 ● 解释说明宏观营销环境对企业活动的影响 4. SWOT分析法的含义和分析要点 ● 说出SWOT分析法的含义 ● 说出SWOT分析法的分析要点	6
3. 消费者行为分析	1. 判断消费者在购买行为中的角色 ● 能判断消费者在具体购买行为中的角色定位 2. 分析消费者购买行为 ● 判断具体消费者行为在购买过程中所处的阶段 ● 判断消费者购买过程中的决策者以及影响购买决策的关键因素 ● 能运用信息技术手段，收集和分析具体消费者购买行为的数据和特点，为营销活动提供消费者画像信息	1. 消费者在购买行为中的角色分类 ● 说出消费者在购买行为中的五种角色分类 2. 消费者购买行为的模式与特点 ● 列举不同类型消费者购买行为的特点 3. 消费者购买行为决策的过程 ● 说出一次完整购买决策过程应包含的五个阶段 4. 消费者购买行为的影响因素 ● 列举影响消费者购买行为的主要因素 5. 消费者购买行为的分析方法 ● 说出分析消费者购买行为的主要方法	6

（续表）

学习任务	技能与学习要求	知识与学习要求	参考学时
4. 目标市场选择	1. 市场细分 ● 能依据市场细分标准和方法，按照实际需要进行组合，合理地进行市场细分	1. 市场细分的含义 ● 说出市场细分的含义 2. 市场细分的意义 ● 说出市场细分的意义 3. 市场细分的标准和方法 ● 列举市场细分的标准和方法	6
	2. 选择目标市场 ● 能依据目标市场的选择方法，按照市场状况、顾客需求和公司特点，选择企业的目标市场和目标市场的营销策略	4. 目标市场的含义 ● 说出目标市场的含义 5. 目标市场的选择方法 ● 列举目标市场的选择方法 6. 目标市场的营销策略 ● 说出目标市场的营销策略种类	
	3. 市场定位 ● 能初步尝试为企业或产品确定在目标市场上的定位和策略，包括特色、形象和位置等	7. 市场定位的含义和程序 ● 说出市场定位的含义 ● 说出市场定位的程序 8. 市场定位的策略种类 ● 列举市场定位的策略种类	
5. 产品策略选择	1. 划分产品层次 ● 能针对某个具体产品，准确分析产品的三个层次	1. 产品和产品组合 ● 说出产品的整体概念 ● 说出产品组合的含义	6
	2. 制定营销策略 ● 能判断产品在生命周期中所处的阶段 ● 能为处于不同生命周期的产品选择合适的营销策略	2. 产品生命周期的含义和阶段 ● 说出产品生命周期的含义 ● 列举产品生命周期的不同阶段 3. 产品生命周期各阶段的特点和营销策略 ● 说出产品生命周期不同阶段的特点 ● 列举产品生命周期不同阶段所对应的营销策略	
	3. 制定新产品营销策略 ● 能判断某个具体产品是否属于新产品以及是哪一类新产品 ● 能选择合适的新产品营销策略	4. 新产品的含义 ● 说出新产品的含义 5. 新产品的分类 ● 列举新产品的种类 6. 新产品开发的程序和营销策略 ● 说出新产品开发的程序 ● 列举新产品的营销策略种类	

学习任务	技能与学习要求	知识与学习要求	参考学时
5. 产品策略选择	4. 制定产品的包装策略 ● 能针对具体产品选择合适的产品包装策略	7. 包装的含义和作用 ● 说出产品包装的含义和作用 8. 包装的分类 ● 说出产品包装的种类 9. 产品包装的基本策略 ● 列举产品包装策略的种类	
6. 价格策略选择	1. 收集商品价格信息 ● 能选择正确的途径和合适的方式收集商品价格信息 ● 能分析商品价格信息的价值	1. 商品价格的概念 ● 说出商品价格的概念 2. 商品价格信息的含义和价值 ● 说出商品价格信息的含义 ● 说出商品价格信息的价值 3. 商品价格信息收集的途径和方式 ● 列举商品价格信息收集的途径 ● 列举商品价格信息收集的方式	6
	2. 分析商品价格影响因素 ● 能针对具体商品,分析影响其价格的因素	4. 影响商品价格的因素 ● 列举影响商品价格的因素	
	3. 商品定价 ● 能选择恰当的定价方法给具体产品进行定价	5. 商品定价方法的含义、基本类型和操作方法 ● 说出成本导向定价法的含义、基本类型和操作方法 ● 说出竞争导向定价法的含义、基本类型和操作方法 ● 说出需求导向定价法的含义、基本类型和操作方法	
	4. 制定商品定价策略 ● 能选用恰当的定价策略为产品定价	6. 商品定价策略的种类 ● 列举商品定价策略的种类	
	5. 调整商品价格 ● 能针对具体商品和企业经营情况,选择合理的商品价格调整方式	7. 商品价格调整类型及原因 ● 列举商品价格调整类型 ● 解释说明不同类型下商品价格调整的原因	
7. 渠道策略选择	1. 选择营销渠道 ● 能根据不同营销渠道的特点,为企业或产品选择合适的营销渠道	1. 营销渠道的基本概念 ● 说出营销渠道的含义 2. 营销渠道的种类和特点 ● 列举营销渠道的种类和特点 ● 举例说明不同营销渠道的特点	4

（续表）

学习任务	技能与学习要求	知识与学习要求	参考学时
		3. 中间商的含义、作用及种类 ● 说出中间商的含义和作用 ● 列举中间商的种类	
7. 渠道策略选择	2. 制定营销渠道策略 ● 能分析不同营销渠道的选择对营销效果产生的影响 ● 能为企业或产品选择合适的营销渠道策略	4. 营销渠道策略选择的影响因素 ● 列举影响营销渠道策略选择的因素 5. 营销渠道策略的种类 ● 列举营销渠道策略的种类 6. 营销渠道策略选择的流程 ● 说出营销渠道策略选择的流程	
8. 品牌推广策略实施	1. 制定品牌推广策略 ● 能依据品牌的定位,为企业或产品选择合适的品牌策略	1. 品牌的含义 ● 说出品牌的含义 2. 品牌名称、品牌标志和商标 ● 说出品牌名称、品牌标志和商标的含义 ● 说出品牌名称、品牌标志和商标的区别 3. 品牌推广策略的种类 ● 列举品牌推广策略的种类	4
	2. 品牌推广活动实施 ● 能结合市场和产品的特点,提出品牌的创意设想	4. 品牌推广活动实施的流程 ● 说出品牌推广活动实施的具体流程	
9. 广告策略实施	1. 选择广告媒体 ● 能根据不同种类广告的特性,为企业或产品选择恰当的广告媒体种类	1. 广告的基本概念 ● 说出广告的含义 ● 列举广告的作用 2. 广告的种类 ● 列举传统广告的种类、特征和优缺点 ● 列举新媒体广告的种类、特征和优缺点 3. 广告信息的内容和表达方式 ● 列举广告信息的内容和表达方式	4
	2. 制定广告策略 ● 能依据广告目的,为企业或产品选择合适的广告策略	4. 广告策略的类型 ● 列举广告策略的类型	
10. 营销推广策略实施	1. 选择营销推广活动方式 ● 能依据市场和产品的特点,选择恰当的营销推广方式	1. 营销推广的基本概念 ● 说出营销推广的含义 ● 列举营销推广的特点 2. 营销推广活动的类型及其特点 ● 列举营销推广活动的类型 ● 说出不同类型营销推广活动的特点	4

学习任务	技能与学习要求	知识与学习要求	参考学时
10. 营销推广策略实施	2. 设计营销推广活动方案 ● 能运用各种推广方式,设计营销推广活动方案	3. 营销推广活动方案的构成与要求 ● 列举营销推广活动方案的构成 ● 说出营销推广活动方案的具体要求	
	3. 营销推广活动实施 ● 能分析企业或产品的营销推广活动并尝试参与实施	4. 营销推广活动实施的要点 ● 列举营销推广活动实施的基本要点	
11. 社交营销推广	1. 选择社交营销推广方式 ● 能依据市场和产品的特点,选择恰当的社交营销方式	1. 社交营销的基本概念和特点 ● 说出社交营销的含义 ● 列举社交营销的特点 2. 社交营销推广的类型及其特点 ● 列举社交营销推广的类型 ● 说出不同社交营销推广类型的特点	8
	2. 设计社交营销推广活动方案 ● 能根据社交媒体特点与粉丝需求,制作符合品牌宣传需求的营销内容,设计社交营销推广活动方案	3. 社交营销推广活动方案的构成与要求 ● 列举社交营销推广活动方案的构成 ● 说出社交营销推广活动方案的具体要求	
	3. 社交营销推广活动实施 ● 能分析企业或产品的社交营销推广活动并尝试参与实施	4. 社交营销推广的要点 ● 列举社交营销推广的基本要点	
12. 粉丝营销推广	1. 选择粉丝营销推广渠道 ● 能结合品牌定位与品牌宣传需求,选择合适的媒体 ● 能判断具体粉丝营销推广活动渠道的真实性与合法性	1. 粉丝营销的基本概念和特点 ● 说出粉丝营销的基本概念 ● 列举粉丝营销的特点 2. 粉丝营销推广的渠道及其特点 ● 列举粉丝营销推广的渠道 ● 说出粉丝营销推广不同种类渠道的特点	8
	2. 粉丝营销推广活动方案设计 ● 能根据社交媒体特点与粉丝需求,制作符合品牌宣传需求的营销内容,提高品牌知名度	3. 粉丝营销推广活动方案的构成与要求 ● 列举粉丝营销推广活动方案的构成 ● 说出粉丝营销推广活动方案的具体要求	
	3. 粉丝营销推广活动实施 ● 能结合粉丝激励方式,制定粉丝活动规则,完成粉丝互动活动设置	4. 粉丝营销推广的要点 ● 列举粉丝营销推广的基本要点	

（续表）

学习任务	技能与学习要求	知识与学习要求	参考学时
13. 口碑营销推广	1. 选择口碑营销意见领袖 ● 能分析客户特征，找出符合品牌理念的意见领袖	1. 口碑营销的基本概念和特点 ● 说出口碑营销的基本概念 ● 列举口碑营销的特点	8
	2. 选择口碑传播渠道 ● 能根据目标客户特征，结合品牌宣传需求和渠道特点，选择高效的口碑传播渠道	2. 口碑营销推广的渠道及其特点 ● 列举口碑营销推广的渠道 ● 说出不同口碑营销推广类型的特点	
	3. 口碑营销推广活动方案设计 ● 能结合品牌宣传需求与口碑形象塑造的方法，完成口碑营销推广活动方案设计	3. 口碑营销推广活动方案的构成与要求 ● 列举口碑形象塑造的方法 ● 列举口碑营销推广活动方案的构成 ● 说出口碑营销推广活动方案的具体要求	
	4. 口碑营销推广活动实施 ● 能根据口碑共鸣原理，通过营销活动引爆营销话题，提高口碑裂变速度	4. 口碑营销推广的要点 ● 列举口碑营销推广的基本要点	
总学时			72

五、实施建议

（一）教材编写与选用建议

1. 应依据本课程标准编写教材或选用教材，从国家和市级教育行政部门发布的教材目录中选用教材，优先选用国家和市级规划教材。

2. 教材要充分体现育人功能，紧密结合教材内容、素材，有机融入课程思政要求，将课程思政内容与专业知识、技能有机统一。

3. 教材编写应转变以教师为中心的传统教材观，以学生的"学"为中心，遵循中职学生学习特点与规律，以学生的思维方式设计教材结构和组织教材内容。

4. 教材编写应以市场营销实务课程所涵盖的学习内容和水平为指导，以本课程标准为依据，并充分体现任务引领导向的课程设计理念。

5. 教材在进行整体设计和内容选取时，要注重引入行业发展的新业态、新知识、新技术、新工艺、新方法，对接相应的职业标准和岗位要求，贴近工作实际，体现先进性和实用性，创设或引入职业情境，增强教材的职场感。

6. 教材应以学生为本,增强对学生的吸引力,贴近岗位技能与知识的要求,符合学生的认知,采用生动活泼的、学生乐于接受的语言、案例等呈现内容,让学生在使用教材时有亲切感、真实感。

7. 教材应注重实践内容的可操作性,强调在操作中理解与应用理论。

(二)教学实施建议

1. 切实推进课程思政在教学中的有效落实,寓价值观引导于知识传授和能力培养之中,帮助学生塑造正确的世界观、人生观、价值观。深入梳理教学内容,结合课程特点,充分挖掘课程内容中的思政元素,把思政教学与专业知识、技能教学融为一体,达到润物无声的育人效果。

2. 充分体现职业教育"实践导向、任务引领、理实一体、做学合一"的课改理念,紧密联系行业的实际应用,以连锁企业市场营销岗位的典型工作任务为载体,加强理论教学与实践教学的结合,充分利用各种实训场所与设备,以学生为教学主体,以能力为本位,以职业活动为导向,以专业技能为核心,使学生在做中学、学中做,引导学生进行实践和探索,注重培养学生的实际操作能力、分析问题和解决问题的能力。

3. 牢固树立以学生为中心的教学理念,充分尊重学生。教师应成为学生学习的组织者、指导者和同伴,遵循学生的认知特点和学习规律,围绕学生的"学"设计教学活动。

4. 改变传统的灌输式教学,充分调动学生学习的积极性、能动性,采取灵活多样的教学方式,积极探索自主学习、合作学习、探究式学习、问题导向式学习、体验式学习、混合式学习等体现教学新理念的教学方式,提高学生学习的兴趣。

5. 依托多元的现代信息技术手段,将其有效运用于教学,改进教学方法与手段,提升教学效果。

6. 注重技能训练及重点环节的教学设计,每次活动都力求使学生上一个新台阶,技能训练既有连续性又有层次性。

7. 注重培养学生良好的操作习惯,把标准意识、规范意识、质量意识、安全意识、环保意识、服务意识、职业道德和敬业精神融入教学活动之中,促进学生综合职业素养的养成。

(三)教学评价建议

1. 以课程标准为依据,开展基于课程标准的教学评价。

2. 以评促教、以评促学,通过课堂教学及时评价,不断改进教学手段。

3. 教学评价始终坚持德技并重的原则,构建德技融合的专业课教学评价体系,把思政和职业素养的评价内容与要求细化为具体的评价指标,有机融入专业知识与技能的评价指标体系之中,形成可观察可测量的评价量表,综合评价学生学习情况。通过有效评价,在日常教学中不断促进学生良好的思想品德和职业素养的形成。

4. 注重日常教学中对学生学习的评价,充分利用多种过程性评价工具,如评价表、记录袋等,积累过程性评价数据,形成过程性评价与终结性评价相结合的评价模式。

5. 在日常教学中开展对学生学习的评价时,充分利用信息化手段,借助各类较成熟的教育评价平台,探索线上与线下相结合的评价模式,提高评价的科学性、专业性和客观性。

(四) 资源利用建议

1. 开发适合教学使用的多媒体教学资源库和多媒体教学课件、微课程、示范操作视频。

2. 充分利用网络资源,搭建网络课程平台,开发网络课程,实现优质教学资源共享。

3. 积极利用数字图书馆等数字资源,使教学内容多元化,以此拓展学生的知识和能力。

4. 充分利用行业企业资源,为学生提供阶段实训,让学生在真实的环境中实践,提升职业综合素质。

5. 充分利用连锁经营与管理实训中心,将教学与实训合一,满足学生综合能力培养的要求。

商品管理实务课程标准

▍课程名称

商品管理实务

▍适用专业

中等职业学校连锁经营与管理专业

一、课程性质

本课程是中等职业学校连锁经营与管理专业的一门专业核心课程,也是该专业的一门必修课程。其功能是使学生掌握连锁企业商品管理的相关知识和技能,具备从事连锁企业商品管理相关岗位所需的职业能力。本课程是其他专业课程的先导课程,为学生进一步学习连锁企业经营实务、连锁企业物流管理、网络零售实务等专业课程奠定基础。

二、设计思路

本课程的总体设计思路是:遵循任务引领、做学一体的原则,参照连锁经营管理师国家职业技能标准的相关内容,根据连锁经营与管理专业职业岗位的工作任务和职业能力分析结果,以连锁门店现场运营工作领域中商品管理的相关工作任务与职业能力为依据而设置。

课程内容紧紧围绕连锁企业商品管理所应具备的职业能力要求,同时充分考虑本专业中职学生对相关理论知识的需要,遵循适度够用的原则,选取相关理论知识,确定相关专业技能与要求,并融入连锁经营管理师职业技能等级证书(四级)的相关考核要求。

课程内容的组织按照职业能力发展规律和学生认知规律,以商品管理的一般方法以及主要类型商品的管理实务为逻辑主线,对所涵盖的工作任务进行分析、转化、序化,形成商品分类管理、商品质量管理、商品养护管理、选品管理、商品陈列管理5个学习任务。以任务为引领,通过任务整合相关知识、技能与态度,充分体现任务引领型课程的特点。

本课程建议总课时数为72学时。

三、课程目标

通过本课程的学习,学生能熟悉连锁企业商品管理的基础知识与技能,掌握商品分类管理、商品质量管理、商品养护管理、商品陈列管理等相关专业技能,达到连锁经营管理师职业技能等级证书(四级)的相关考核要求,具体达成以下职业素养和职业能力目标。

(一)职业素养目标

- 具有良好的职业道德,树立质量第一的意识与理念,用合格的商品提供客户满意的服务。
- 养成认真负责、严谨细致、精心专注、积极上进的职业态度,严格执行企业质量管理的规章制度。
- 有较强的服务意识,树立顾客至上的理念,具有良好的人际沟通协调能力。
- 在服务过程中,形成诚实守信、热情周到的工作习惯,有一定的抗压能力,吃苦耐劳。

(二)职业能力目标

- 能识别商品类型,进行商品品类划分,编制商品目录。
- 能根据门店经营目标,制定选品方案,及时引进新品,处理滞销品。
- 能按照门店经营计划,协助主管制定商品组合方案。
- 能根据进货查验制度,规范检查进货商品的相关证明材料,并如实记录和保存凭证。
- 能识别生鲜、纺织、日用百货、电器等商品的主要特征,进行商品质量检测。
- 能识别商品的包装材料及包装技术,根据商品的种类及要求,判断包装的合理性。
- 能根据企业商品管理制度,对商品进行妥善保管与养护,减少商品的损耗。
- 能进行生鲜、纺织、日用百货、电器等商品的陈列布置。

四、课程内容与要求

学习任务	技能与学习要求	知识与学习要求	参考学时
1. 商品分类管理	1. 商品品类划分 ● 能根据企业商品规划收集和分析商品品类信息 ● 能根据消费者需求进行商品品类划分 ● 能进行连锁门店商品的分类	1. 商品的概念与属性 ● 解释商品的广义概念及狭义概念 ● 阐述现代商品的整体构成 ● 举例说明商品的属性 2. 商品的分类 ● 解释商品分类的含义及作用 ● 列举商品分类的原则与方法 ● 举例说明常用的商品分类标志 3. 主要商品的细分品类内容 ● 说出常见生鲜类商品的细分品类 ● 说出纺织类商品的细分品类 ● 说出日用百货类商品的细分品类 ● 说出电器类商品的细分品类	12

（续表）

学习任务	技能与学习要求	知识与学习要求	参考学时
1. 商品分类管理	2. 编制商品目录 ● 能识读商品代码及商品条形码 ● 能分析条形码信息并选择合适的设备进行输入 ● 能制作连锁门店商品目录	4. 商品目录的含义、作用及类型 ● 解释商品目录的含义 ● 说明商品目录的作用 ● 列举商品目录的常见种类 5. 商品代码的概念、种类及作用 ● 解释商品代码的概念 ● 列举商品代码的种类 ● 举例说明商品代码的作用 6. 商品条形码的概念、特点及种类 ● 识记商品条形码的概念 ● 说出商品条形码的特点 ● 列举商品条形码的种类与结构	
2. 商品质量管理	1. 实施商品质量管理 ● 能根据企业采购管理的规范要求，在采购商品过程中实施质量保证措施 ● 能依据企业质量控制体系，在销售过程中实施商品质量管理	1. 商品质量的含义及影响因素 ● 说出质量与商品质量的含义 ● 列举影响商品质量的因素 2. 商品标准的含义、分类 ● 说出商品标准的含义 ● 列举商品标准的适用范围 ● 列举商品标准的分类 ● 举例说明商品标准的分级 3. 主要商品的质量管理要求 ● 列举生鲜类商品质量管理要求 ● 列举现场制售生鲜类商品的质量管理要求 ● 说出国家标准对纺织类商品的质量要求 ● 列举国家标准对日用百货类商品质量的强制要求 ● 说出电器类商品的安全标准	24
	2. 进货查验登记 ● 能对供货方进行调查，查验相关证照 ● 能按要求向供货方索要相关票据 ● 能查验进货商品的相关信息，并与票据核对无误 ● 能对查验结果进行登记，保存相关票证备查	4. 商品的进货查验要求 ● 举例说明生鲜类商品的进货查验要求 ● 举例说明纺织类商品的进货查验要求 ● 举例说明日用百货类商品的进货查验要求 ● 举例说明电器类商品的进货查验要求	

（续表）

学习任务	技能与学习要求	知识与学习要求	参考学时
2. 商品质量管理	3. 对商品进行质量查验 ● 能根据商品的检测报告，对进货商品的质量进行查验 ● 能抽样选择需要理化检验的商品进行送检	5. 商品检验的含义及内容 ● 说出商品检验的含义 ● 列举商品检验的依据 ● 列举商品检验的内容 6. 抽样检验的要求与方法 ● 说出抽样检验的概念 ● 简述抽样检验的要求 ● 列举抽样检验的方法 7. 商品检验的方法 ● 举例说明感官检验法 ● 举例说明理化检验法	
	4. 确定商品的品级 ● 能查询相关商品标准，确定常见商品不同品级的划分原则 ● 能对照标准，对常见商品划分品级 5. 识读电器类商品的标签 ● 能识读电器类商品的认证标识 ● 能识别电器类商品的节能标识	8. 商品品级 ● 说出商品品级的含义 ● 举例说明常见商品品级的划分原则 ● 列举生鲜类、纺织类、日用品类、电器类商品的品级 9. 商品质量认证的作用与标志 ● 简述商品质量认证的作用 ● 列举电器类商品的认证标志	
	6. 识别伪劣商品 ● 能通过进货文件检查及感官查验，初步识别伪劣商品，并指出违规点	10. 伪劣商品 ● 说出伪劣商品的含义 ● 列举常见伪劣商品的情况 ● 举例说明识别伪劣商品的常用方法	
3. 商品养护管理	1. 识别包装材料与包装技法 ● 能判断商品包装所使用的材料 ● 能判断商品包装所使用的技法是否合适	1. 商品包装相关知识 ● 说出商品包装的含义 ● 列举商品包装的作用 ● 列举商品包装的分类 2. 包装材料与包装技术 ● 说出常见包装所使用的材料 ● 说出常见包装的一般技法 ● 举例说明常见包装的特殊技法	12
	2. 识别包装标志 ● 能识别不同包装标志 ● 能依据包装标志管理商品 3. 识别服装吊牌 ● 能识读服装的吊牌，获取面料信息 ● 能识读服装的吊牌，获取相关熨烫及洗涤要求信息	3. 商品包装标志 ● 说出运输包装标志的含义及内容 ● 说出销售包装标志的含义及内容 4. 纺织类商品的标识 ● 说出服装吊牌的主要内容 ● 说出服装吊牌上标识的含义	

（续表）

学习任务	技能与学习要求	知识与学习要求	参考学时
3. 商品养护管理	4. 制定商品的养护方案 ● 能根据生鲜类商品的养护要求,做好在库商品的环境设置 ● 能根据服装面料确定熨烫的温度及方式,确定洗涤的方式 ● 能制定日用百货类商品的养护措施 ● 能制定电器类商品的养护措施	5. 商品养护的相关知识 ● 列举商品质量变化的表现形式 ● 举例说明影响商品质量变化的外在因素 ● 说出常见商品的养护技术 6. 生鲜类商品的储存要求 ● 举例说明环境对生鲜类商品的影响 ● 列举生鲜类商品损耗控制管理的措施 7. 纺织类商品的养护相关知识 ● 说出常见面料服装的熨烫标准 ● 举例说明常见面料服装的洗涤和保养方法 ● 说出常见面料服装在存放时的注意事项 8. 日用百货类商品的养护方法 ● 举例说明常见日用百货类商品的养护方法 9. 电器类商品的养护要求 ● 简述电器类商品存放及使用的基本安全要求	
4. 选品管理	1. 制定商品组合方案 ● 能依据消费者体验制定商品组合方案 ● 能根据连锁企业商品规划和经营目标进行商品组合 2. 新品引进 ● 能根据连锁企业的商品规划,对拟引进的新品进行初步判断 ● 能根据连锁企业的商品规划,对拟引进的新品进行评估 ● 能根据连锁企业的商品规划,结合评估结果,进行新品市场机会分析 3. 制定新品促销方案 ● 能依据新品评估结果,确定新品上架计划、新品定价,制定促销方案 ● 能根据新品试销结果,对新品未来销售趋势进行预测	1. 商品组合的相关知识 ● 说出商品组合的含义 ● 列举商品组合的目的 ● 举例说明商品组合的原则 2. 商品组合的方法 ● 举例说明按消费季节进行商品组合的方法 ● 举例说明按用途进行商品组合的方法 ● 举例说明按消费者体验进行商品组合的方法 3. 新品的含义与类别 ● 说出新品的含义 ● 说明新品的类别 4. 新品评估的原则与标准 ● 说出新品评估的原则 ● 说明对新品进行初步判断的内容 ● 举例说明新品评估的标准 5. 新品引进的操作流程与注意事项 ● 简述新品引进的操作流程 ● 举例说明新品引进的注意事项	8

（续表）

学习任务	技能与学习要求	知识与学习要求	参考学时
4. 选品管理	4. 处理滞销品 ● 能根据连锁企业滞销品评估指标体系,对商品进行评估,确定滞销品 ● 能根据市场分析结果和滞销品评估结果,确定不同滞销品处理方案,并进行处理	6. 滞销品的含义、产生原因及评估指标 ● 说出滞销品的含义 ● 举例说明滞销品产生的原因 ● 说明滞销品评估的指标内容	
5. 商品陈列管理	1. 生鲜类商品陈列 ● 能根据生鲜类商品的属性,选择合适的陈列货柜 ● 能按要求陈列蔬果类商品 ● 能按要求陈列肉类商品	1. 生鲜类商品的陈列要求与注意事项 ● 简述生鲜类商品的陈列要求 ● 举例说明生鲜类商品陈列的注意事项	16
	2. 纺织类商品陈列 ● 能根据纺织类商品的属性,选择合适的陈列货柜 ● 能按要求陈列纺织类商品	2. 纺织类商品的陈列要求与注意事项 ● 简述纺织类商品的陈列要求 ● 举例说明纺织类商品陈列的注意事项	
	3. 日用百货类商品陈列 ● 能根据日用百货类商品的属性,选择合适的陈列货柜 ● 能按要求陈列日用百货类商品	3. 日用百货类商品的陈列要求与注意事项 ● 简述日用百货类商品的陈列要求 ● 举例说明日用百货类商品陈列的注意事项	
	4. 电器类商品陈列 ● 能根据电器类商品的属性,选择合适的陈列货柜 ● 能按要求陈列电器类商品	4. 电器类商品的陈列要求与注意事项 ● 简述电器类商品的陈列要求 ● 举例说明电器类商品陈列的注意事项	
总学时			72

五、实施建议

（一）教材编写与选用建议

1. 应依据本课程标准编写教材或选用教材,从国家和市级教育行政部门发布的教材目录中选用教材,优先选用国家和市级规划教材。

2. 教材要充分体现育人功能,紧密结合教材内容、素材,有机融入课程思政要求,将课程思政内容与专业知识、技能有机统一。

3. 教材编写应转变以教师为中心的传统教材观,以学生的"学"为中心,遵循中职学生学习特点与规律,以学生的思维方式设计教材结构和组织教材内容。

4. 教材编写应以商品管理实务课程所涵盖的学习内容和水平为指导,以本课程标准为依据,并充分体现任务引领导向的课程设计理念。

5. 教材在进行整体设计和内容选取时,要注重引入行业发展的新业态、新知识、新技术、新工艺、新方法,对接相应的职业标准和岗位要求,贴近工作实际,体现先进性和实用性,创设或引入职业情境,增强教材的职场感。

6. 教材应以学生为本,增强对学生的吸引力,贴近岗位技能与知识的要求,符合学生的认知,采用生动活泼的、学生乐于接受的语言、案例等呈现内容,让学生在使用教材时有亲切感、真实感。

7. 教材应注重实践内容的可操作性,强调在操作中理解与应用理论。

(二) 教学实施建议

1. 切实推进课程思政在教学中的有效落实,寓价值观引导于知识传授和能力培养之中,帮助学生塑造正确的世界观、人生观、价值观。深入梳理教学内容,结合课程特点,充分挖掘课程内容中的思政元素,把思政教学与专业知识、技能教学融为一体,达到润物无声的育人效果。

2. 充分体现职业教育"实践导向、任务引领、理实一体、做学合一"的课改理念,紧密联系行业的实际应用,以连锁企业商品管理岗位的典型工作任务为载体,加强理论教学与实践教学的结合,充分利用各种实训场所与设备,以学生为教学主体,以能力为本位,以职业活动为导向,以专业技能为核心,使学生在做中学、学中做,引导学生进行实践和探索,注重培养学生的实际操作能力、分析问题和解决问题的能力。

3. 牢固树立以学生为中心的教学理念,充分尊重学生。教师应成为学生学习的组织者、指导者和同伴,遵循学生的认知特点和学习规律,围绕学生的"学"设计教学活动。

4. 改变传统的灌输式教学,充分调动学生学习的积极性、能动性,采取灵活多样的教学方式,积极探索自主学习、合作学习、探究式学习、问题导向式学习、体验式学习、混合式学习等体现教学新理念的教学方式,提高学生学习的兴趣。

5. 依托多元的现代信息技术手段,将其有效运用于教学,改进教学方法与手段,提升教学效果。

6. 注重技能训练及重点环节的教学设计,每次活动都力求使学生上一个新台阶,技能训练既有连续性又有层次性。

7. 注重培养学生良好的操作习惯,把标准意识、规范意识、质量意识、安全意识、环保意识、服务意识、职业道德和敬业精神融入教学活动之中,促进学生综合职业素养的养成。

(三) 教学评价建议

1. 以课程标准为依据,开展基于课程标准的教学评价。

2. 以评促教、以评促学,通过课堂教学及时评价,不断改进教学手段。

3. 教学评价始终坚持德技并重的原则,构建德技融合的专业课教学评价体系,把思政和职业素养的评价内容与要求细化为具体的评价指标,有机融入专业知识与技能的评价指标体系之中,形成可观察可测量的评价量表,综合评价学生学习情况。通过有效评价,在日常教学中不断促进学生良好的思想品德和职业素养的形成。

4. 注重日常教学中对学生学习的评价,充分利用多种过程性评价工具,如评价表、记录袋等,积累过程性评价数据,形成过程性评价与终结性评价相结合的评价模式。

5. 在日常教学中开展对学生学习的评价时,充分利用信息化手段,借助各类较成熟的教育评价平台,探索线上与线下相结合的评价模式,提高评价的科学性、专业性和客观性。

(四) 资源利用建议

1. 开发适合教学使用的多媒体教学资源库和多媒体教学课件、微课程、示范操作视频。

2. 充分利用网络资源,搭建网络课程平台,开发网络课程,实现优质教学资源共享。

3. 积极利用数字图书馆等数字资源,使教学内容多元化,以此拓展学生的知识和能力。

4. 充分利用行业企业资源,为学生提供阶段实训,让学生在真实的环境中实践,提升职业综合素质。

5. 充分利用连锁经营与管理实训中心,将教学与实训合一,满足学生综合能力培养的要求。

连锁企业经营实务课程标准

课程名称

连锁企业经营实务

适用专业

中等职业学校连锁经营与管理专业

一、课程性质

本课程是中等职业学校连锁经营与管理专业的一门专业核心课程,也是该专业的一门必修课程。其功能是使学生掌握连锁企业经营的相关知识和技能,具备从事连锁企业运营与管理相关岗位所需的职业能力。本课程是连锁企业运营与管理的先导课程,为学生进一步学习连锁经营与管理其他专业课程奠定基础。

二、设计思路

本课程的总体设计思路是:遵循任务引领、做学一体的原则,参照连锁经营管理师国家职业技能标准的相关内容,根据连锁经营与管理专业职业岗位的工作任务和职业能力分析结果,以连锁门店现场运营工作领域中的相关工作任务与职业能力为依据而设置。

课程内容紧紧围绕连锁企业经营所应具备的职业能力要求,同时充分考虑本专业中职学生对相关理论知识的需要,遵循适度够用的原则,选取相关理论知识,确定相关专业技能与要求,并融入连锁经营管理师职业技能等级证书(四级)的相关考核要求。

课程内容的组织按照职业能力发展规律和学生认知规律,以连锁企业经营的典型工作任务为逻辑主线,对所涵盖的工作任务进行分析、转化、序化,形成连锁企业门店运营管理认知、连锁门店卖场布局、卖场内商品陈列与维护、连锁门店作业管理、营业现场服务管理、促销活动的组织和实施、门店经营绩效分析 7 个学习任务。以任务为引领,通过任务整合相关知识、技能与态度,充分体现任务引领型课程的特点。

本课程建议总课时数为 144 学时。

三、课程目标

通过本课程的学习,学生能熟悉连锁企业经营的相关知识,掌握连锁企业运营的基本流程、连锁门店卖场布局、商品陈列与销售环境布置、销售活动方案制定、门店经营绩效分析等相关专业技能,达到连锁经营管理师职业技能等级证书(四级)的相关考核要求,具体达成以下职业素养和职业能力目标。

（一）职业素养目标

● 具有良好的职业道德,能自觉遵守行业法规、规范和企业规章制度。

● 逐渐养成认真负责、严谨细致、精心专注、积极上进的职业态度。

● 具备现代连锁从业人员的创新精神、团队合作精神以及人际沟通能力。

● 有较强的服务意识,树立顾客至上的服务理念。

● 在服务过程中,形成诚实守信、热情周到的工作习惯,有一定的抗压能力,吃苦耐劳。

（二）职业能力目标

● 能根据连锁门店特点,协助主管初步进行卖场布局安排。

● 能根据连锁门店经营流程,做好开店准备及闭店管理。

● 能根据营销主题活动,进行营销环境布置,营造促销氛围。

● 能根据商品特性,做好商品分类、管理与维护。

● 能根据经营需要与商品特点,合理利用商场面积和陈列道具进行商品陈列。

● 能根据客户需要进行商品导购,完成商品售前、售中和售后服务工作。

● 能运用收银设备,处理不同支付方式下的收银作业。

● 能结合门店销售情况,利用门店管理系统,做好订货、理货及退货管理,确保门店销售。

● 能根据公司管理职责范围,运用监控设备,及时发现和处理现场紧急情况,避免危机事件升级。

● 能根据连锁企业定位及经营状况,对门店销售方案提出优化建议。

● 能收集企业经营数据,运用评估指标,对门店经营绩效进行简单分析。

四、课程内容与要求

学习任务	技能与学习要求	知识与学习要求	参考学时
1. 连锁企业门店营运管理认知	1. 辨别连锁企业门店营运业态 ● 能辨别连锁企业的类型	1. 连锁经营的概念与特征 ● 解释连锁经营的概念 ● 说出连锁经营的特征 2. 连锁经营的发展史 ● 解释连锁经营的起源和发展史 ● 举例说明代表性连锁企业的发展史	8

（续表）

学习任务	技能与学习要求	知识与学习要求	参考学时
1. 连锁企业门店营运管理认知		3. 连锁经营的类型 ● 说出连锁经营的类型 ● 举例说明代表性连锁企业的类别 4. 连锁经营的发展概况 ● 解释不同国家连锁经营的发展概况 ● 举例说明代表性连锁企业的发展现状	
2. 连锁门店卖场布局	1. 连锁门店店面的设计与布局 ● 能根据连锁门店特点设计门店的名称 ● 能根据连锁门店特点设计连锁店标识 ● 能根据连锁门店特点设计店铺橱窗陈列	1. 连锁门店设计与布局的基本原则 ● 说出连锁门店设计与布局的基本原则 2. 连锁门店外观布局的相关知识 ● 说出连锁门店外观布局的内涵与作用 ● 解释连锁门店店面设计与布局的内涵	16
	2. 连锁门店卖场布局 ● 能根据连锁门店卖场特点进行卖场货架布局设计 ● 能根据连锁门店卖场特点进行通道设计 ● 能根据卖场特点进行门店出入口、通道、收银台、存包处等标识设计 ● 能运用磁石点理论进行卖场布局设计	3. 连锁门店卖场布局的相关知识 ● 说出连锁门店卖场布局的作用 ● 说出连锁门店卖场货架布局的种类 4. 连锁门店卖场布局的设计要求 ● 说出连锁门店卖场的通道设计原则 ● 说出连锁门店卖场的收银台与存包处的设计要求 5. 连锁门店卖场布局理论 ● 解释连锁门店卖场布局之磁石点理论	
3. 卖场内商品陈列与维护	1. 商品陈列 ● 能运用商品陈列的方法和技巧，独立完成商品上架 ● 能根据商品陈列原理，结合商品特点，有效利用陈列道具，实现商品的销售陈列 ● 能根据顾客购买数据对陈列商品的品类进行分析，调整商品陈列方案	1. 商品陈列概念与方法 ● 说出商品陈列的概念 ● 归纳常用的商品陈列方法 2. 商品陈列的步骤 ● 说出商品陈列的步骤	24
	2. 卖场商品维护与保养 ● 能根据不同种类商品特点，灵活选择不同维护与保养手段，做好商品维护与保养	3. 商品维护要求与保养手段 ● 说出商品维护要求 ● 解释不同种类商品的保养手段	

（续表）

学习任务	技能与学习要求	知识与学习要求	参考学时
4. 连锁门店作业管理	1. 商品订货操作 ● 能根据连锁门店特点，处理好现场订单及O2O订单，确保订货质量 ● 能运用ABC分类法合理订货	1. 订单的概念 ● 说出现场订单的概念 ● 说出O2O订单的概念 2. 订货作业的相关知识 ● 说出商品订货的含义 ● 复述订货作业流程	30
	2. 商品理货操作 ● 能基于理货作业流程及要领，保障门店商品销售供应，及时清理端架、堆头和货架并补充货源	3. 理货作业的概念 ● 说出理货作业的概念 4. 理货作业要领与流程 ● 列举理货作业要领 ● 复述理货作业流程	
	3. 商品退货操作 ● 能以客户服务理念为宗旨，处理好退货物品，办理顾客退货手续	5. 商品退货作业的相关知识 ● 说出商品退货作业的概念 ● 列举商品退货的原因 6. 商品退货作业流程 ● 复述商品退货作业流程	
	4. 收银操作 ● 能根据收银作业要求，熟练运用门店内的各类收银设备 ● 能处理各种支付方式下的收银作业 ● 能基于客户服务理念，指导顾客使用无人支付系统	7. 收银设备 ● 说出POS收银机的操作规程 8. 收银作业的相关知识 ● 说出收银作业流程 ● 说出收银作业规程 ● 了解收银员作业纪律与职业素养	
	5. 盘点操作 ● 能做好门店盘点前的准备工作 ● 能基于盘点作业流程，准确无误填写盘点过程记录单 ● 能基于盘点过程记录单，汇总并分析盘点结果	9. 盘点的相关概念 ● 说出盘点的相关概念 10. 盘点作业要求与流程 ● 说出门店盘点作业要求 ● 复述门店盘点作业流程	
5. 营业现场服务管理	1. 营业现场服务 ● 能以客户服务理念为宗旨，并根据顾客购物的心理过程，采用适当的步骤和方法，做好顾客接待工作 ● 能依据顾客的不同需求，采用相适宜的服务接待技巧，促进销售达成	1. 营业现场的服务规范与步骤 ● 说出营业现场营业员接待服务规范 ● 复述营业员接待顾客的步骤	27

（续表）

学习任务	技能与学习要求	知识与学习要求	参考学时
5. 营业现场服务管理	2. 处理顾客投诉 ● 能以客户服务理念为宗旨，解决顾客投诉问题 ● 能运用合理有效的方法，解决营业员与顾客的冲突	2. 顾客投诉处理的相关知识 ● 复述顾客投诉处理的程序 ● 归纳营业员与顾客发生冲突的主要原因	
	3. 现场危机事件处理 ● 能根据门店安全防范规定，进行现场安全检查 ● 能运用监控设备，及时发现现场紧急事件 ● 能运用紧急事件处理的标准流程，对现场危机事件进行控制	3. 门店安全防范的意义与要求 ● 说出门店安全防范的意义与要求 4. 门店紧急事件处理要求与方法 ● 列举常见的门店紧急事件 ● 说出门店紧急事件处理的要点 ● 举例说明门店紧急事件的处理方法	
6. 促销活动的组织和实施	1. 制定促销活动方案 ● 能够依据消费者心理学原理，分析消费者对商品的需求，制定正确的促销活动方案	1. 促销活动方案的相关知识 ● 说出促销活动方案的概念 ● 说出促销活动方案撰写的要素 ● 归纳促销活动方案撰写的注意事项	27
	2. 促销活动实施 ● 熟悉门店的促销活动，能根据促销活动方案，主动介绍并促成销售达成或销量的增长 ● 能根据促销活动方案，运用POP广告进行促销活动宣传，促成销售达成	2. 促销活动实施的流程和关键点 ● 说出促销活动实施的流程 ● 说出促销活动实施的关键点 3. POP广告的概念和种类 ● POP广告的概念 ● POP广告的种类	
7. 门店经营绩效分析	门店绩效评估 ● 能根据各类绩效评估指标及分析方法，了解门店绩效现状，并综合运用评估指标，初步分析门店绩效现状	1. 门店经营绩效的概念和内容 ● 解释绩效的概念 ● 解释门店经营绩效的概念 ● 列举门店经营绩效的内容 2. 门店经营绩效评估指标内容 ● 列举门店绩效收益性指标内容 ● 列举门店绩效安全性指标内容 ● 列举门店绩效效率性指标内容 ● 列举门店绩效发展性指标内容	12
总学时			144

五、实施建议

（一）教材编写与选用建议

1. 应依据本课程标准编写教材或选用教材，从国家和市级教育行政部门发布的教材目录中选用教材，优先选用国家和市级规划教材。

2. 教材要充分体现育人功能，紧密结合教材内容、素材，有机融入课程思政要求，将课程思政内容与专业知识、技能有机统一。

3. 教材编写应转变以教师为中心的传统教材观，以学生的"学"为中心，遵循中职学生学习特点与规律，以学生的思维方式设计教材结构和组织教材内容。

4. 教材编写应以连锁企业经营实务课程所涵盖的学习内容和水平为指导，以本课程标准为依据，并充分体现任务引领导向的课程设计理念。

5. 教材在进行整体设计和内容选取时，要注重引入行业发展的新业态、新知识、新技术、新工艺、新方法，对接相应的职业标准和岗位要求，贴近工作实际，体现先进性和实用性，创设或引入职业情境，增强教材的职场感。

6. 教材应以学生为本，增强对学生的吸引力，贴近岗位技能与知识的要求，符合学生的认知，采用生动活泼的、学生乐于接受的语言、案例等呈现内容，让学生在使用教材时，有亲切感、真实感。

7. 教材应注重实践内容的可操作性，强调在操作中理解与应用理论。

（二）教学实施建议

1. 切实推进课程思政在教学中的有效落实，寓价值观引导于知识传授和能力培养之中，帮助学生塑造正确的世界观、人生观、价值观。深入梳理教学内容，结合课程特点，充分挖掘课程内容中的思政元素，把思政教学与专业知识、技能教学融为一体，达到润物无声的育人效果。

2. 充分体现职业教育"实践导向、任务引领、理实一体、做学合一"的课改理念，紧密联系行业的实际应用，以连锁企业经营岗位的典型工作任务为载体，加强理论教学与实践教学的结合，充分利用各种实训场所与设备，以学生为教学主体，以能力为本位，以职业活动为导向，以专业技能为核心，使学生在做中学、学中做，引导学生进行实践和探索，注重培养学生的实际操作能力、分析问题和解决问题的能力。

3. 牢固树立以学生为中心的教学理念，充分尊重学生。教师应成为学生学习的组织者、指导者和同伴，遵循学生的认知特点和学习规律，围绕学生的"学"设计教学活动。

4. 改变传统的灌输式教学，充分调动学生学习的积极性、能动性，采取灵活多样的教学方式，积极探索自主学习、合作学习、探究式学习、问题导向式学习、体验式学习、混合式学习

等体现教学新理念的教学方式,提高学生学习的兴趣。

5. 依托多元的现代信息技术手段,将其有效运用于教学,改进教学方法与手段,提升教学效果。

6. 注重技能训练及重点环节的教学设计,每次活动都力求使学生上一个新台阶,技能训练既有连续性又有层次性。

7. 注重培养学生良好的操作习惯,把标准意识、规范意识、质量意识、安全意识、环保意识、服务意识、职业道德和敬业精神融入教学活动之中,促进学生综合职业素养的养成。

(三)教学评价建议

1. 以课程标准为依据,开展基于课程标准的教学评价。

2. 以评促教、以评促学,通过课堂教学及时评价,不断改进教学手段。

3. 教学评价始终坚持德技并重的原则,构建德技融合的专业课教学评价体系,把思政和职业素养的评价内容与要求细化为具体的评价指标,有机融入专业知识与技能的评价指标体系之中,形成可观察可测量的评价量表,综合评价学生学习情况。通过有效评价,在日常教学中不断促进学生良好的思想品德和职业素养的形成。

4. 注重日常教学中对学生学习的评价,充分利用多种过程性评价工具,如评价表、记录袋等,积累过程性评价数据,形成过程性评价与终结性评价相结合的评价模式。

5. 在日常教学中开展对学生学习的评价时,充分利用信息化手段,借助各类较成熟的教育评价平台,探索线上与线下相结合的评价模式,提高评价的科学性、专业性和客观性。

(四)资源利用建议

1. 开发适合教学使用的多媒体教学资源库和多媒体教学课件、微课程、示范操作视频。

2. 充分利用网络资源,搭建网络课程平台,开发网络课程,实现优质教学资源共享。

3. 积极利用数字图书馆等数字资源,使教学内容多元化,以此拓展学生的知识和能力。

4. 充分利用行业企业资源,为学生提供阶段实训,让学生在真实的环境中实践,提升职业综合素质。

5. 充分利用连锁经营与管理实训中心,将教学与实训合一,满足学生综合能力培养的要求。

连锁企业物流管理课程标准

课程名称

连锁企业物流管理

适用专业

中等职业学校连锁经营与管理专业

一、课程性质

本课程是中等职业学校连锁经营与管理专业的一门专业核心课程,也是该专业的一门必修课程。其功能是使学生掌握连锁企业物流管理的相关知识和技能,具备从事连锁企业物流管理相关工作岗位所需的职业能力。本课程是市场营销实务、连锁企业经营实务的后续课程,为学生进一步学习连锁经营与管理其他专业课程奠定基础。

二、设计思路

本课程的总体设计思路是:遵循任务引领、做学一体的原则,参照连锁经营管理师国家职业技能标准的相关内容,根据连锁经营与管理专业职业岗位的工作任务和职业能力分析结果,以连锁门店现场运营工作领域中采购与库存管理的相关工作任务与职业能力为依据而设置。

课程内容紧紧围绕连锁企业经营中物流管理所应具备的职业能力要求,同时充分考虑本专业中职学生对相关理论知识的需要,遵循适度够用的原则,选取相关理论知识,确定相关专业技能与要求,并融入连锁经营管理师职业技能等级证书(四级)的相关考核要求。

课程内容的组织按照职业能力发展规律和学生认知规律,以连锁企业物流管理的典型工作任务为逻辑主线,兼顾连锁企业物流管理的基本工作流程,对所涵盖的工作任务进行分析、转化、序化,形成订单处理、库存管理、仓储优化、流通加工、配送管理5个学习任务。以任务为引领,通过任务整合相关知识、技能与态度,充分体现任务引领型课程的特点。

本课程建议总课时数为72学时。

三、课程目标

通过本课程的学习,学生能熟悉连锁企业物流管理的基础知识与技能,掌握订单处理、库存管理、仓储优化、流通加工、配送管理等相关理论及相关专业技能,达到连锁经营管理师职业技能等级证书(四级)的相关考核要求,形成连锁企业物流管理的基本理念,具备现代连锁经营人员的创新精神、团队合作精神以及人际沟通能力,在此基础上形成以下职业素养与职业能力目标。

(一)职业素养目标

- 具有良好的职业道德,能自觉遵守行业法规、规范和企业规章制度。
- 逐渐养成认真负责、严谨细致、精心专注、积极上进的职业态度。
- 有较强的服务意识,树立顾客至上的理念,具有良好的人际沟通协调能力。
- 在服务过程中,形成诚实守信、热情周到的工作习惯,有一定的抗压能力,吃苦耐劳。

(二)职业能力目标

- 能处理客户订单,将订单信息转化为拣货指令。
- 能选择正确的拣货方式,进行精准拣货。
- 能依据规范,熟练操作 PDA、RF 等手持终端设备。
- 能根据盈利能力对商品进行 ABC 分类。
- 能结合实际盘点情况对库存商品进行合理的储位调整。
- 能依据销售数据对库存商品实施合理补货。
- 能依据仓储成本的构成,计算仓储活动的各项绩效指标。
- 能结合商品的特性要求,选择正确的流通加工设备和方法加工商品。
- 能根据配送需求选择有效配送方式,完成配送任务,并能处理异常问题。

四、课程内容与要求

学习任务	技能与学习要求	知识与学习要求	参考学时
1. 订单处理	1. 订单处理 ● 能根据客户订单,按照订单处理的流程审核订单 ● 能根据客户订单,下达出库指令	1. 订单处理的相关知识 ● 说出订单处理的概念 ● 解释订单处理的流程	12
	2. 拣货 ● 能制订拣货计划 ● 能基于拣货的基本流程选择正确的拣货方式,进行精准拣货	2. 拣货的方式与流程 ● 列举拣货作业的主要方式 ● 解释摘果式拣货的流程 ● 解释播种式拣货的流程	

（续表）

学习任务	技能与学习要求	知识与学习要求	参考学时
1. 订单处理	3. 条形码技术应用 ● 能熟练操作 PDA、RF 等手持终端设备采集条码信息 ● 能在仓库中应用条形码技术，完成对商品的查询与统计 ● 能对 PDA、RF 等手持终端设备进行保养和故障排除	3. 条形码技术的结构、分类及应用 ● 列举条形码技术的结构 ● 列举条形码技术的分类 ● 解释条形码技术在仓库中的应用 4. RFID 技术的系统构成与应用 ● 列举 RFID 的系统构成 ● 解释 RFID 技术在仓库中的应用 5. PDA、RF 等手持终端设备的保养方法 ● 列举手持终端设备的保养方法 ● 解释手持终端设备故障排除要求	
2. 库存管理	1. 库存盘点 ● 能依据进货和出货作业数据核对库存商品数量 ● 能对库存商品进行盘点	1. 仓储的概念与管理的目标 ● 解释仓储的概念 ● 说出仓储管理的目标 2. 入库与出库作业流程与常见问题 ● 解释入库与出库作业流程 ● 列举入库与出库作业常见问题 3. 商品盘点方法及注意事项 ● 列举商品盘点方法 ● 列举商品盘点注意事项	16
	2. 储位调整 ● 能对库存商品进行储位调整 ● 能运用仓库布局的方法规划仓库的货位数	4. 仓库储位安排与布局的相关要求与方法 ● 解释储存区的储位安排要求 ● 列举仓库储位的调整方法 ● 列举仓库布局的方法	
	3. 管理商品 ● 能根据商品销售商品盈利能力，对商品进行分级 ● 能根据货物移动原则，选择合适的货物移动方式	5. 商品分级管理的含义与方法 ● 说出商品分级管理的含义 ● 解释 ABC 分类管理方法 ● 列举商品分级管理的方法	
	4. 库存需求预测 ● 能依据仓库的具体情况，选择库存需求量的计算方法 ● 能使用定性与定量预测方法预测商品库存需求量 ● 能设计商品的安全库存量	6. 库存需求量的计算方法 ● 说明库存需求量的计算方法 7. 库存需求量预测的概念、作用及影响因素 ● 说出库存需求量预测的概念 ● 列举库存需求量预测的作用 ● 列举库存需求量预测的影响因素 8. 库存需求量预测的方法 ● 解释常用定性与定量预测方法 ● 解释安全库存量的计算方法	

(续表)

学习任务	技能与学习要求	知识与学习要求	参考学时
2. 库存管理	5. 库存商品补货 ● 能根据实际销售数据，协同业务方进行商品的合理补货	9. 商品补货的含义与方法 ● 解释商品补货的含义 ● 列举商品补货的方法	
3. 仓储优化	1. 控制仓储成本 ● 能依据仓库的具体情况，分解仓储成本的组成部分 ● 能依据仓库的具体情况，计算仓储成本	1. 仓储成本的构成与计算方法 ● 说明仓储成本的组成部分 ● 解释仓储成本的计算方法	18
	2. 优化仓储活动绩效 ● 能根据库存绩效标准，测量仓储活动的各项绩效 ● 能根据库存绩效指标，优化仓储活动	2. 库存绩效的含义与标准 ● 说出库存绩效的含义 ● 解释库存绩效的标准 3. 库存绩效的指标 ● 说出库存绩效指标的制定原则 ● 列举库存绩效的指标	
	3. 预防仓库损失措施 ● 能依据仓库的具体情况，提出预防仓库损失的措施	4. 仓库损失的类型与预防措施 ● 解释仓库损失的类型 ● 列举仓库损失的预防措施	
	4. 仓库人员的健康与安全问题 ● 能发现仓库人员的健康与安全问题 ● 能提出仓库人员健康与安全问题的应对措施	5. 仓库人员的健康与安全 ● 列举仓库人员的健康与安全问题 ● 解释仓库人员健康与安全问题的应对措施	
4. 流通加工	1. 制作货物标签 ● 能根据客户要求，印制标签、标识并贴附在物品外包装上 2. 集包加工 ● 能根据客户需求，将物品集成小包装 3. 分装加工 ● 能根据运输需要以及客户要求，对物品进行重新包装，方便物品的运输与销售 4. 货物分拣 ● 能根据不同客户订单需求，对物品进行分拣、包装、称重、制作货物清单等作业	1. 流通加工的概念与特点 ● 说出流通加工的概念 ● 列举流通加工的特点 2. 流通加工的内容与方式 ● 列举流通加工的内容 ● 列举流通加工的方式 3. 流通加工的应用 ● 列举流通加工的应用领域 ● 解释不同商品的流通加工方式	8

（续表）

学习任务	技能与学习要求	知识与学习要求	参考学时
5. 配送管理	1. 设计配送方案 ● 能根据连锁企业的配送需求，结合商品配送的基本要求，设计商品配送方案	1. 配送的基础知识 ● 解释配送的含义 ● 列举配送的特点 ● 解释配送的意义 2. 连锁企业配送模式的类型 ● 列举连锁企业配送模式的类型 3. 商品配送方案的内容 ● 解释连锁企业配送需求计划的内容 ● 说明选择最优配送路线的方法	18
	2. 调配运输车辆 ● 能结合具体情况，对车辆调度进行合理安排 ● 能结合商品特点，对配送车辆进行合理配载 ● 能根据年度业务计划，合理配置配送中心车辆	4. 车辆调配的要求 ● 说明车辆调配的基本要求 5. 车辆调配的方法 ● 列举车辆调配的方法	
	3. 运输作业安排 ● 能分析影响运输路线和进度安排的限制因素 ● 能结合业务需求，计算送货链中不同点之间的驾驶时间 ● 能依据运输任务，制订车辆装载计划 ● 能结合运输需要，合理调度送货作业	6. 运输路线和进度安排的限制因素 ● 列举影响运输路线和进度安排的限制因素 7. 装载计划的含义与要求 ● 解释装载计划的含义 ● 列举装载计划的基本要求 8. 送货作业效率 ● 列举影响送货作业效率的因素	
	4. 车辆成本和绩效管理 ● 能结合业务情况，使用各种节约装置，减少车辆能量损失 ● 能结合企业实际情况，使用盈亏平衡分析，比较不同类型车辆的使用成本 ● 能依据实际业务，测量车辆使用的绩效指标并进行成本监控	9. 车辆使用成本及货车能量损失源 ● 识别各种车辆使用成本 ● 列举货车能量损失源 10. 车辆使用成本监控及绩效控制方法 ● 列举车辆成本监控的方法 ● 列举车辆使用绩效控制的方法	
总学时			72

五、实施建议

（一）教材编写与选用建议

1. 应依据本课程标准编写教材或选用教材，从国家和市级教育行政部门发布的教材目录中选用教材，优先选用国家和市级规划教材。

2. 教材要充分体现育人功能，紧密结合教材内容、素材，有机融入课程思政要求，将课程思政内容与专业知识、技能有机统一。

3. 教材编写应转变以教师为中心的传统教材观，以学生的"学"为中心，遵循中职学生学习特点与规律，以学生的思维方式设计教材结构和组织教材内容。

4. 教材编写应以连锁企业物流管理课程所涵盖的学习内容和水平为指导，以本课程标准为依据，并充分体现任务引领导向的课程设计理念。

5. 教材在进行整体设计和内容选取时，要注重引入行业发展的新业态、新知识、新技术、新工艺、新方法，对接相应的职业标准和岗位要求，贴近工作实际，体现先进性和实用性，创设或引入职业情境，增强教材的职场感。

6. 教材应以学生为本，增强对学生的吸引力，贴近岗位技能与知识的要求，符合学生的认知，采用生动活泼的、学生乐于接受的语言、案例等呈现内容，让学生在使用教材时有亲切感、真实感。

7. 教材应注重实践内容的可操作性，强调在操作中理解与应用理论。

（二）教学实施建议

1. 切实推进课程思政在教学中的有效落实，寓价值观引导于知识传授和能力培养之中，帮助学生塑造正确的世界观、人生观、价值观。深入梳理教学内容，结合课程特点，充分挖掘课程内容中的思政元素，把思政教学与专业知识、技能教学融为一体，达到润物无声的育人效果。

2. 充分体现职业教育"实践导向、任务引领、理实一体、做学合一"的课改理念，紧密联系行业的实际应用，以连锁企业物流管理岗位的典型工作任务为载体，加强理论教学与实践教学的结合，充分利用各种实训场所与设备，以学生为教学主体，以能力为本位，以职业活动为导向，以专业技能为核心，使学生在做中学、学中做，引导学生进行实践和探索，注重培养学生的实际操作能力、分析问题和解决问题的能力。

3. 牢固树立以学生为中心的教学理念，充分尊重学生。教师应成为学生学习的组织者、指导者和同伴，遵循学生的认知特点和学习规律，围绕学生的"学"设计教学活动。

4. 改变传统的灌输式教学，充分调动学生学习的积极性、能动性，采取灵活多样的教学方式，积极探索自主学习、合作学习、探究式学习、问题导向式学习、体验式学习、混合式学习

等体现教学新理念的教学方式,提高学生学习的兴趣。

5. 依托多元的现代信息技术手段,将其有效运用于教学,改进教学方法与手段,提升教学效果。

6. 注重技能训练及重点环节的教学设计,每次活动都力求使学生上一个新台阶,技能训练既有连续性又有层次性。

7. 注重培养学生良好的操作习惯,把标准意识、规范意识、质量意识、安全意识、环保意识、服务意识、职业道德和敬业精神融入教学活动之中,促进学生综合职业素养的养成。

(三) 教学评价建议

1. 以课程标准为依据,开展基于课程标准的教学评价。

2. 以评促教、以评促学,通过课堂教学及时评价,不断改进教学手段。

3. 教学评价始终坚持德技并重的原则,构建德技融合的专业课教学评价体系,把思政和职业素养的评价内容与要求细化为具体的评价指标,有机融入专业知识与技能的评价指标体系之中,形成可观察可测量的评价量表,综合评价学生学习情况。通过有效评价,在日常教学中不断促进学生良好的思想品德和职业素养的形成。

4. 注重日常教学中对学生学习的评价,充分利用多种过程性评价工具,如评价表、记录袋等,积累过程性评价数据,形成过程性评价与终结性评价相结合的评价模式。

5. 在日常教学中开展对学生学习的评价时,充分利用信息化手段,借助各类较成熟的教育评价平台,探索线上与线下相结合的评价模式,提高评价的科学性、专业性和客观性。

(四) 资源利用建议

1. 开发适合教学使用的多媒体教学资源库和多媒体教学课件、微课程、示范操作视频。

2. 充分利用网络资源,搭建网络课程平台,开发网络课程,实现优质教学资源共享。

3. 积极利用数字图书馆等数字资源,使教学内容多元化,以此拓展学生的知识和能力。

4. 充分利用行业企业资源,为学生提供阶段实训,让学生在真实的环境中实践,提升职业综合素质。

5. 充分利用连锁经营与管理实训中心,将教学与实训合一,满足学生综合能力培养的要求。

客户服务与管理课程标准

▌ 课程名称

客户服务与管理

▌ 适用专业

中等职业学校连锁经营与管理专业

一、课程性质

本课程是中等职业学校连锁经营与管理专业的一门专业核心课程,也是该专业的一门必修课程。其功能是使学生掌握连锁企业客户服务与管理的相关知识和技能,具备从事连锁企业客户服务与管理相关岗位所需的基本职业能力。本课程是连锁企业经营实务、连锁门店数字化运营等的后续课程,为学生进一步学习连锁经营与管理其他专业课程奠定基础。

二、设计思路

本课程的总体设计思路是:遵循任务引领、做学一体的原则,参照连锁经营管理师国家职业技能标准的相关内容,根据连锁经营与管理专业职业岗位的工作任务和职业能力分析结果,以连锁门店客户服务与管理等领域中的相关工作任务与职业能力为依据而设置。

课程内容紧紧围绕连锁企业客户服务所应具备的职业能力要求,同时充分考虑本专业中职学生对相关理论知识的需要,遵循适度够用的原则,选取相关理论知识,确定相关专业技能与要求,并融入连锁经营管理师职业技能等级证书(四级)的相关考核要求。

课程内容的组织按照职业能力发展规律和学生认知规律,以客户服务与管理的典型工作任务为逻辑主线,以企业客户服务与管理的工作过程为导向,从职业岗位能力分析入手设计课程内容,对所涵盖的工作任务进行分析、转化、序化,形成客户潜在需求识别、客户信息维护、客户生命周期管理、客户分类管理、售前客户服务、客户异议及投诉处理、客户满意度测评及忠诚度培养 7 个学习任务。以任务为引领,通过任务整合相关知识、技能与态度,充分体现任务引领型课程的特点。

本课程建议总课时数为 72 学时。

三、课程目标

通过本课程的学习,学生能熟悉连锁企业客户服务与管理的基础知识与技能,具备借助信息化手段识别客户需求、管理客户信息、解决客户异议及投诉,监测和评估客户满意度,提高客户服务水平等职业能力,达到连锁经营管理师职业技能等级证书(四级)的相关考核要求,具体达成以下职业素养和职业能力目标。

(一)职业素养目标

- 具有良好的职业道德,能自觉遵守行业法规、规范和企业规章制度。
- 逐渐养成认真负责、严谨细致、精心专注、积极上进的职业态度。
- 有较强的服务意识,树立顾客至上、优质服务的职业理念。
- 具备敬业精神和合作的态度,形成诚实守信、热情周到的工作习惯。
- 具备良好的职业礼仪与沟通协调能力,有亲和力及同理心。
- 具备时间管理能力及情绪管控能力,有一定的抗压能力,吃苦耐劳。

(二)职业能力目标

- 能在实际商业环境中分析顾客对商品的潜在需求,尝试制定销售服务方案。
- 能收集客户相关信息,进行客户信息管理。
- 能通过查询、电话联系、邮寄资料等方式获得客户的需求信息,持续跟进客户,促成订单或寻找新的客户资源。
- 能根据进店顾客的消费金额、频次、储值金额等数据,对客户进行分级分层的分析与分类管理。
- 能根据门店业态,针对顾客投诉的场景制定相应的应急预案。
- 能对过客、散客、常客、忠诚客户等顾客的定位及特征进行分析,针对不同客户出现的问题进行相应的处理与关系维护。
- 能对现场顾客投诉做出判断,予以有效解决,并对客户关系进行维护跟踪。
- 能根据情绪控制的技巧,有效调节顾客与顾客之间、顾客与工作人员之间的纠纷。
- 能按照顾客满意度的要求,针对存在的问题改进服务,以提升顾客满意度。

四、课程内容与要求

学习任务	技能与学习要求	知识与学习要求	参考学时
1. 客户潜在需求识别	1. 分析客户消费心理 ● 能依据马斯洛需求层次理论,分析不同的消费领域客户的消费心理	1. 马斯洛需求层次理论的主要内容 ● 复述马斯洛需求层次理论的主要内容 2. 客户的消费心理类型 ● 举例说明客户的消费心理类型	6

学习任务	技能与学习要求	知识与学习要求	参考学时
1. 客户潜在需求识别	2. 判断客户需求 ● 能依据消费心理，判断客户需求所属的类型	3. 客户需求的内容 ● 说出客户需求的内容 4. 客户需求的分类 ● 列举客户需求的分类	
	3. 预测客户需求 ● 能按照需求预测的方法，预测客户潜在需求 ● 能依据客户不同类型的需求采取相应行动，满足客户需求	5. 客户需求预测的方法 ● 简述客户需求预测的方法 6. 满足客户需求的行动 ● 简述新零售满足客户需求的行动	
2. 客户信息维护	1. 收集客户信息 ● 能依据客户信息的类型，选择获取客户信息的渠道 ● 能依据调查对象的特点，选取恰当的方法，收集客户信息	1. 客户信息的含义和类型 ● 说出客户信息的含义 ● 列举客户信息的类型 2. 获取客户信息的来源 ● 列举新零售获取客户信息的来源 3. 收集客户信息的方法 ● 列举现代信息技术下收集客户信息的方法	4
	2. 管理客户信息 ● 能依据查阅数据库的方法，查阅连锁企业客户资料库的内容 ● 能依据客户信息管理的内容，在客户资料库中对客户信息进行收集、抽取、迁移、存储和分析	4. 客户资料库的查阅方法 ● 列举客户资料库的查阅方法 5. 客户资料库的内容 ● 列举客户资料库的内容 6. 客户信息管理的内容 ● 复述客户信息管理的内容	
3. 客户生命周期管理	1. 识别客户群体 ● 能依据客户群体识别的途径和方法，完成客户群体的识别 ● 能运用 RFM 法，分析不同客户群体的价值	1. 客户群体识别的内涵和意义 ● 说出客户群体识别的内涵 ● 简述客户群体识别的意义 2. 客户群体识别的途径和方法 ● 列举客户群体识别的途径 ● 简述客户群体识别的方法 3. 客户价值的分析（构成与 RFM 法） ● 列举客户价值的构成 ● 复述（用于）客户价值分析的 RFM 法	12
	2. 选择客户 ● 能按照客户选择的要求，考虑其影响因素，选择客户	4. 客户选择的要求 ● 简述客户选择的要求 5. 客户选择的影响因素 ● 列举影响客户选择的因素	

（续表）

学习任务	技能与学习要求	知识与学习要求	参考学时
3. 客户生命周期管理	3. 拓展目标客户 ● 能运用新客户拓展的技巧，按照新客户拓展的步骤，找到目标客户并完成目标客户的转化	6. 客户开发的基本步骤 ● 复述新客户的拓展步骤 7. 客户开发的技巧 ● 列举新客户开发的技巧	
	4. 管理流失客户 ● 能依据客户流失的原因，判断客户流失的类型，采取恰当的措施，召回流失客户	8. 客户流失的原因 ● 列举客户流失的原因 9. 客户流失的类型 ● 列举流失客户的类型 10. 召回流失客户的措施 ● 列举召回流失客户的措施	
4. 客户分类管理	1. 分级管理客户 ● 能依据客户的消费行为数据，判断客户价值 ● 能依据客户分组的方法，对客户进行分级 ● 能依据不同级别的客户画像，选择恰当的营销模式和关怀策略，对客户实施分级管理	1. 客户分级管理的原因 ● 说明进行客户分级管理的原因 2. 客户分级的方法 ● 列举客户分级的方法 3. 客户分级的策略 ● 简述不同级别的客户画像适用的营销模式和关怀策略	6
	2. 分类管理客户 ● 能依据客户 ABC 分类法，对客户进行分类管理	4. 客户 ABC 分类法的内容、作用和步骤 ● 复述客户 ABC 分类法的内容 ● 列举客户 ABC 分类法的作用 ● 复述客户 ABC 分类法的步骤	
5. 售前客户服务	1. 区分客户类型 ● 能依据客户类型，恰当选择售前对待客户服务的类型	1. 客户类型 ● 列举客户类型 2. 对待不同类型客户的方法 ● 说出对待不同类型客户的售前服务方式	12
	2. 选择沟通方式 ● 能依据售前面对客户的不同岗位的职责，合理选择沟通方式 ● 能运用恰当的沟通策略，与各种类型的客户进行沟通	3. 客户沟通的方式 ● 列举售前与客户沟通的方式 4. 售前针对不同类型客户的沟通策略 ● 说出售前针对不同类型客户的沟通策略	

学习任务	技能与学习要求	知识与学习要求	参考学时
5. 售前客户服务	3. 满足客户期望 ● 能基于客户期望调整客户服务 ● 能分析影响客户的因素，改进客户服务	5. 客户期望的含义 ● 说出客户期望的含义 6. 客户期望的层次 ● 举例说明客户期望的不同层次 7. 影响客户期望的因素 ● 概述影响客户期望的因素	
6. 客户异议及投诉处理	1. 分析客户异议 ● 能判断客户异议的类型，分析客户异议产生的原因	1. 客户异议的类型 ● 列举客户异议的类型 2. 客户异议产生的原因 ● 列举客户异议产生的原因	20
	2. 处理客户异议 ● 能依据客户异议处理的原则，按照客户异议处理的步骤，选择恰当的方法处理客户异议	3. 客户异议处理的原则 ● 复述客户异议处理的原则 4. 客户异议处理的步骤 ● 概述客户异议处理的步骤 5. 客户异议处理的方法 ● 归纳客户异议处理的方法	
	3. 售后服务管理 ● 能运用售后服务的方法和技巧，正确实施不同零售渠道的售后服务	6. 售后服务的工作内容 ● 复述不同零售渠道售后服务的工作内容 7. 普通售后服务的处理流程 ● 说出普通售后服务的处理流程 8. 售后服务的方法和技巧 ● 列举售后服务的方法和技巧	
	4. 辨别客户投诉的原因 ● 能依据客户投诉的具体内容，准确辨别客户投诉的原因	9. 客户投诉的内涵 ● 说出客户投诉的内涵 10. 客户投诉的原因 ● 列举客户投诉的原因	
	5. 解决客户投诉 ● 能依据客户投诉的具体内容，划分客户投诉的类型 ● 能依据客户投诉的类型，按照处理客户投诉的步骤，选择恰当的投诉处理方法，解决不同零售渠道的客户投诉	11. 客户投诉的类型 ● 列举各零售渠道客户投诉的类型 12. 处理客户投诉的步骤 ● 说出处理客户投诉的步骤 13. 客户投诉处理的方法 ● 归纳各渠道客户投诉处理的方法	

（续表）

学习任务	技能与学习要求	知识与学习要求	参考学时
7. 客户满意度测评及忠诚度培养	1. 分析影响客户满意度的因素 ● 能准确分析影响客户满意度的因素	1. 客户满意度的概念 ● 说出客户满意度的概念 2. 影响客户满意度的因素 ● 列举新零售客户满意度的影响因素	12
	2. 分析客户满意度 ● 能测量客户满意度的指标，并据此对客户满意度进行评估	3. 客户满意度的测量指标 ● 列举客户满意度的测量指标	
	3. 选择提高客户满意度的策略 ● 能依据客户满意度的评估结果，恰当选择提高客户满意度的策略	4. 提高客户满意度的策略 ● 列举提高客户满意度的策略	
	4. 分析客户忠诚度 ● 能准确分析影响客户忠诚度的因素 ● 能根据客户忠诚度的衡量指标，分析客户忠诚度	5. 客户忠诚度的内涵 ● 说出客户忠诚度的含义 ● 简述客户满意度与客户忠诚度的关系 6. 影响客户忠诚度的因素 ● 列举影响客户忠诚度的因素 7. 客户忠诚度的衡量指标 ● 列举客户忠诚度的衡量指标	
	5. 选择培养客户忠诚度的策略 ● 能选择恰当的策略，为企业培养忠诚客户	8. 培养忠诚客户的策略 ● 列举培养忠诚客户的策略	
总课时			72

五、实施建议

（一）教材编写与选用建议

1. 应依据本课程标准编写教材或选用教材，从国家和市级教育行政部门发布的教材目录中选用教材，优先选用国家和市级规划教材。

2. 教材要充分体现育人功能，紧密结合教材内容、素材，有机融入课程思政要求，将课程思政内容与专业知识、技能有机统一。

3. 教材编写应转变以教师为中心的传统教材观，以学生的"学"为中心，遵循中职学生学习特点与规律，以学生的思维方式设计教材结构和组织教材内容。

4. 教材编写应以连锁企业客户服务与管理课程所涵盖的学习内容和水平为指导，以本课程标准为依据,并充分体现任务引领导向的课程设计理念。

5. 教材在进行整体设计和内容选取时,要注重引入行业发展的新业态、新知识、新技术、新工艺、新方法,对接相应的职业标准和岗位要求,贴近工作实际,体现先进性和实用性,创设或引入职业情境,增强教材的职场感。

6. 教材应以学生为本,增强对学生的吸引力,贴近岗位技能与知识的要求,符合学生的认知,采用生动活泼的、学生乐于接受的语言、案例等呈现内容,让学生在使用教材时有亲切感、真实感及产生吸引力。

7. 教材应注重实践内容的可操作性,强调在操作中理解与应用理论。

(二)教学实施建议

1. 切实推进课程思政在教学中的有效落实,寓价值观引导于知识传授和能力培养之中,帮助学生塑造正确的世界观、人生观、价值观。深入梳理教学内容,结合课程特点,充分挖掘课程内容中的思政元素,把思政教学与专业知识、技能教学融为一体,达到润物无声的育人效果。

2. 充分体现职业教育"实践导向、任务引领、理实一体、做学合一"的课改理念,紧密联系行业的实际应用,以连锁企业客户服务与管理岗位的典型工作任务为载体,加强理论教学与实践教学的结合,充分利用各种实训场所与设备,以学生为教学主体,以能力为本位,以职业活动为导向,以专业技能为核心,使学生在做中学、学中做,引导学生进行实践和探索,注重培养学生的实际操作能力、分析问题和解决问题的能力。

3. 牢固树立以学生为中心的教学理念,充分尊重学生。教师应成为学生学习的组织者、指导者和同伴,遵循学生的认知特点和学习规律,围绕学生的"学"设计教学活动。

4. 改变传统的灌输式教学,充分调动学生学习的积极性、能动性,采取灵活多样的教学方式,积极探索自主学习、合作学习、探究式学习、问题导向式学习、体验式学习、混合式学习等体现教学新理念的教学方式,提高学生学习的兴趣。

5. 依托多元的现代信息技术手段,将其有效运用于教学,改进教学方法与手段,提升教学效果。

6. 注重技能训练及重点环节的教学设计,每次活动都力求使学生上一个新台阶,技能训练既有连续性又有层次性。

7. 注重培养学生良好的操作习惯,把标准意识、规范意识、质量意识、安全意识、环保意识、服务意识、职业道德和敬业精神融入教学活动之中,促进学生综合职业素养的养成。

(三)教学评价建议

1. 以课程标准为依据,开展基于课程标准的教学评价。

2. 以评促教、以评促学,通过课堂教学及时评价,不断改进教学手段。

3. 教学评价始终坚持德技并重的原则,构建德技融合的专业课教学评价体系,把思政和职业素养的评价内容与要求细化为具体的评价指标,有机融入专业知识与技能的评价指标体系之中,形成可观察可测量的评价量表,综合评价学生学习情况。通过有效评价,在日常教学中不断促进学生良好的思想品德和职业素养的形成。

4. 注重日常教学中对学生学习的评价,充分利用多种过程性评价工具,如评价表、记录袋等,积累过程性评价数据,形成过程性评价与终结性评价相结合的评价模式。

5. 在日常教学中开展对学生学习的评价时,充分利用信息化手段,借助各类较成熟的教育评价平台,探索线上与线下相结合的评价模式,提高评价的科学性、专业性和客观性。

(四) 资源利用建议

1. 开发适合教学使用的多媒体教学资源库和多媒体教学课件、微课程、示范操作视频。

2. 充分利用网络资源,搭建网络课程平台,开发网络课程,实现优质教学资源共享。

3. 积极利用数字图书馆等数字资源,使教学内容多元化,以此拓展学生的知识和能力。

4. 充分利用行业企业资源,为学生提供阶段实训,让学生在真实的环境中实践,提升职业综合素质。

5. 充分利用连锁经营与管理实训中心,将教学与实训合一,满足学生综合能力培养的要求。

连锁门店数字化运营课程标准

| 课程名称

连锁门店数字化运营

| 适用专业

中等职业学校连锁经营与管理专业

一、课程性质

本课程是中等职业学校连锁经营与管理专业的一门专业核心课程,也是该专业的一门必修课程。其功能是使学生掌握连锁门店数字化运营的相关知识和技能,具备从事连锁门店数字化运营相关工作职业岗位所需的基本职业能力。本课程是连锁企业经营实务、商品管理实务等课程的后续课程,能为学生职业生涯的发展奠定基础。

二、设计思路

本课程的总体设计思路是:遵循任务引领、做学一体的原则,参照连锁经营管理师国家职业技能标准的相关内容,根据连锁经营与管理专业职业岗位的工作任务和职业能力分析结果,以连锁门店数字化运营工作领域中的相关工作任务与职业能力为依据而设置。

课程内容紧紧围绕连锁企业数字化运营所应具备的职业能力要求,同时充分考虑本专业中职学生对相关理论知识的需要,遵循适度够用的原则,选取相关理论知识,确定相关专业技能与要求,并融入门店数字化运营与管理职业技能等级证书(初级)的相关考核要求。

课程内容的组织按照职业能力发展规律和学生认知规律,以连锁企业门店数字化运营的典型工作任务为逻辑主线,对所涵盖的工作任务进行分析、转化、序化,形成门店全渠道数据管理、门店立体渠道推广数据管理、门店顾客画像数据管理、门店 QSC 建设与现场管理、门店经营目标管理 5 个学习任务。以任务为引领,通过任务整合相关知识、技能与态度,充分体现任务引领型课程的特点。

本课程建议总课时数为 144 学时。

三、课程目标

通过本课程的学习,学生能熟悉连锁门店数字化运营的基础知识与技能,掌握运用门店数字化运营与管理工具完成门店日常运营的现场管控、经营状况分析与利用 CRM 大数据进行营销活动策划与执行等相关专业技能,达到门店数字化运营与管理职业技能等级证书(初级)的相关考核要求,具体达成以下职业素养和职业能力目标。

(一) 职业素养目标

- 具有良好的职业道德,能自觉遵守行业法规、规范和企业规章制度。
- 逐渐养成认真负责、严谨细致、精心专注、积极上进的职业态度。
- 有较强的服务意识,树立顾客至上、优质服务的职业理念。
- 具备敬业精神和合作的态度,形成诚实守信、热情周到的工作习惯,吃苦耐劳。
- 具有数据思维,养成主动获取知识的意识,具有分析问题和解决问题的能力以及创新精神。

(二) 职业能力目标

- 能熟知前台销售的系统工具,掌握前台销售系统功能,正确实施前台信息管理。
- 能收集整理顾客信息并做出有效回复,熟练运用沟通技能和分析技能对顾客进行有效唤醒。
- 能进行顾客画像与顾客分级,对会员消费轨迹进行分析,有效维护客户关系。
- 能熟练使用门店的常用设备,对常用设备进行初步养护。
- 能根据门店运营数据进行分析,结合门店经营目标,做好商品规划。
- 能根据顾客的购买行为,对商品进行分析和调配,为门店制订经营周期内的销售计划。
- 能执行门店的营销活动方案,并根据方案做好活动的跟踪和总结。
- 能协助店长制定门店经营目标,并对经营业绩及时做出分析与总结。

四、课程内容与要求

学习任务	技能与学习要求	知识与学习要求	参考学时
1. 门店全渠道数据管理	1. 收银数据汇总与分析 ● 能处理不同类型的结算方式 ● 能提升收银效率,并与客户进行有效沟通 ● 能主动为客户提供优惠建议及会员分析 ● 能收集整理短期内营收的变化及趋势	1. 收银作业的操作方法 ● 列举收银过程中线上线下的结算方式及种类 ● 说出收银的作业流程 ● 复述线下提升收银效率的方法 2. 有效沟通的方式 ● 列举收银过程中与客户进行有效沟通的话术 3. 会员营销的含义 ● 说出会员营销的含义 ● 列举会员营销的基本方法	24

（续表）

学习任务	技能与学习要求	知识与学习要求	参考学时
1. 门店全渠道数据管理	2. 采购数据汇总与分析 ● 能对每天各班次进货的数量、质量及重量等进行统计 ● 能按标准对领料单、收货入库单等单据进行填写，做好库房的信息工作对接 ● 能将以上数据整理归纳成规范性的表格，进行统计	4. 采购数据的相关知识 ● 说出采购数据的主要类型 ● 列举采购数据的来源 ● 列举采购数据分析的主要方法	
2. 门店立体渠道推广数据管理	1. 周边商圈与推广渠道匹配分析及监控 ● 能根据周边所处商圈的消费水平、消费群体、群体习惯、群体出行路线、线下重点广告位、区域内主流平台网站、社群、类似品牌等进行相关数据采集并匹配推广渠道 ● 能使用社交媒体、视频、短视频网站进行门店品牌推广 ● 能对各类消费点评平台的排名及销量等数据进行监控	1. 商圈洞察的相关知识 ● 说出商圈洞察的含义 ● 复述商圈洞察的目的与作用 ● 列举商圈洞察的主要数据类型 2. 推广渠道的相关知识 ● 列举常见的推广方式类型 ● 复述不同推广方式的做法和技巧 ● 列举主要消费点评平台的名称	36
	2. KOL反馈数据采集 ● 能对本区域内的各类社交平台的星级排名与变化等数据进行采集 ● 能对本区域内的各类社交平台外卖、线上软件平台团购顾客的网络评价反馈信息进行采集 ● 能对企业各类公众账号的官方留言与粉丝互动信息进行采集	3. KOL反馈数据的相关知识 ● 说出KOL的含义 ● 列举KOL运营的好处 ● 阐述KOL引入的方式及方法	
3. 门店顾客画像数据管理	1. 顾客类型分析与权益匹配管理 ● 能根据进店顾客的消费金额、频次、储值金额等数据进行分级分层的分析与标签化管理 ● 能对过客、散客、常客、忠诚客户等顾客的定位及特征进行分析管理	1. 顾客画像的基础知识 ● 说出顾客画像的含义 ● 列举顾客画像的作用 2. 顾客分级管理的含义与方法 ● 说出顾客分级管理的含义 ● 复述顾客分级管理的主要方法	36

（续表）

学习任务	技能与学习要求	知识与学习要求	参考学时
	2. 会员数据建模分析 ● 能根据初、中、高不同级别会员权益进行相应的匹配与管理，并能对高价值会员做出服务升级等特别处理 ● 能对会员的占比类型、消费金额、储值金额、积分情况等数据进行整理分析 ● 能对会员消费轨迹进行收集 ● 能根据会员消费轨迹进行不同周期的流失统计对比，并剖析原因	3. 会员数据指标的相关知识 ● 列举会员数据建模的基本指标 ● 简述会员分级管理的相应权益 4. 客户关系管理的基础知识 ● 说出客户关系管理的定义 ● 列举客户关系管理的意义 ● 举例说明客户关系管理的常用方法	
3. 门店顾客画像数据管理	3. 客户关系管理 ● 能针对顾客与门店的消费黏性特征，采取有针对性的管理，延长顾客生命周期，唤醒沉睡客户 ● 能对不同类型的客户进行精准的电话回访、短信、微信关怀等跟踪服务，及时对顾客进行消费提醒、新品推荐等营销与维护 ● 能根据优质客户档案，做刺激顾客重复消费、储值消费、提升单价等机会点的管理 ● 能将以周、月、季、年为周期的顾客消费额变化绘制成可视化数据图表，予以针对性分析，对不同的人群展开不同维度的管理	5. 客户关系管理的基础知识 ● 说出客户关系管理的含义 ● 说出客户关系管理的意义及作用 ● 简述客户关系管理的常用做法	
4. 门店QSC建设与现场管理	1. 门店QSC协助与执行 ● 能督导现场服务人员的具体工作，及时有效地实施服务管理 ● 能督导现场工作人员的卫生工作，及时有效地实施卫生管理	1. 门店QSC管理的基础知识 ● 说出QSC管理的含义 ● 简述提高QSC水平的重要性 ● 举例说明提高QSC水平的有效手段 ● 复述QSC工作标准执行及监督的流程	24

（续表）

学习任务	技能与学习要求	知识与学习要求	参考学时
	● 能督导现场工作人员的品质工作,及时有效地实施品质管理 ● 能制定现场工作人员在品质、服务、卫生工作方面的标准,确保工作的顺利进行 2. QSC 工作标准的执行与监督 ● 能围绕控制目标,建立控制标准 ● 能衡量实际工作,获取偏差信息		
4. 门店QSC建设与现场管理	3. 门店常用设备维护 ● 能操作门店常用设备,依据收银机的管理要求,独立完成收银机的维护操作 4. 门店规章制度执行与管理 ● 能根据相关工作要求,对所需各项管理规章制度的标准进行编制 ● 能对各项规章制度做到自我遵守和高度执行 ● 能组织不同岗位人员对管理规章制度进行培训和执行,并对执行结果进行指导和考核	2. 门店人、机、物日常管理的相关知识 ● 说出门店员工的基本服务规范 ● 列举门店员工管理的八大要素 ● 列举门店员工管理的三大原则 ● 简述门店收银机等常用设备的使用和养护制度 ● 举例说明门店商品的进货作业管理的要求 ● 举例说明门店商品的存货作业管理的要求 ● 举例说明门店商品的盘点作业管理的要求 3. 5S 现场管理的相关知识 ● 说出 5S 现场管理的含义 ● 复述 5S 现场管理的主要方法 ● 列举 5S 现场管理的操作要点	
	5. 培训的执行与管理 ● 能根据实际需要,组织制订门店的培训计划 ● 能对不同岗位人员岗前、岗中、岗后的操作流程进行协助和指导 ● 能对员工工作结果进行监督、纠正,并进行数据统计及考核评价	4. 员工培训日常管理的相关知识 ● 说出团队效率 GRPI 模型的含义 ● 列举 GRPI 高绩效团队模型的要素 ● 举例说明门店员工成长的培养路径	
5. 门店经营目标管理	1. 门店经营目标的数字化管理 ● 能为门店制订经营周期内的销售计划 ● 能制定门店的经营目标,并对经营业绩及时做出分析与总结 ● 能复盘门店经营业绩	1. 门店经营目标的类型与评价方法 ● 说出门店经营目标的类型 ● 简述门店经营目标的评价方法	24

（续表）

学习任务	技能与学习要求	知识与学习要求	参考学时
5. 门店经营目标管理	2. 商品陈列的数字化管理 ● 能根据顾客的购买行为，对商品陈列进行分析和调配	2. 商品陈列的原则与方法 ● 列举商品陈列的原则 ● 举例说明不同业态商品陈列的方法	
	3. 营销活动推广的数字化管理 ● 能根据营销推广方案做好营销活动的跟踪，进行数据分析，评价营销活动效果	3. 门店营销评价的内容与方法 ● 举例说明营销活动跟踪的主要方法 ● 举例说明营销活动评价的指标内容 ● 复述重大节日营销活动的评价方法	
总学时			144

五、实施建议

（一）教材编写与选用建议

1. 应依据本课程标准编写教材或选用教材，从国家和市级教育行政部门发布的教材目录中选用教材，优先选用国家和市级规划教材。

2. 教材要充分体现育人功能，紧密结合教材内容、素材，有机融入课程思政要求，将课程思政内容与专业知识、技能有机统一。

3. 教材编写应转变以教师为中心的传统教材观，以学生的"学"为中心，遵循中职学生学习特点与规律，以学生的思维方式设计教材结构和组织教材内容。

4. 教材编写应以连锁门店数字化运营课程所涵盖的学习内容和水平为指导，以本课程标准为依据，并充分体现任务引领导向的课程设计理念。

5. 教材在进行整体设计和内容选取时，要注重引入行业发展的新业态、新知识、新技术、新工艺、新方法，对接相应的职业标准和岗位要求，贴近工作实际，体现先进性和实用性，创设或引入职业情境，增强教材的职场感。

6. 教材应以学生为本，增强对学生的吸引力，贴近岗位技能与知识的要求，符合学生的认知，采用生动活泼的、学生乐于接受的语言、案例等呈现内容，让学生在使用教材时有亲切感、真实感。

7. 教材应注重实践内容的可操作性，强调在操作中理解与应用理论。

（二）教学实施建议

1. 切实推进课程思政在教学中的有效落实，寓价值观引导于知识传授和能力培养之中，帮助学生塑造正确的世界观、人生观、价值观。深入梳理教学内容，结合课程特点，充分挖掘课程内容中的思政元素,把思政教学与专业知识、技能教学融为一体,达到润物无声的育人效果。

2. 充分体现职业教育"实践导向、任务引领、理实一体、做学合一"的课改理念,紧密联系行业的实际应用,以连锁门店数字化运营岗位的典型工作任务为载体,加强理论教学与实践教学的结合,充分利用各种实训场所与设备,以学生为教学主体,以能力为本位,以职业活动为导向,以专业技能为核心,使学生在做中学、学中做,引导学生进行实践和探索,注重培养学生的实际操作能力、分析问题和解决问题的能力。

3. 牢固树立以学生为中心的教学理念,充分尊重学生。教师应成为学生学习的组织者、指导者和同伴,遵循学生的认知特点和学习规律,围绕学生的"学"设计教学活动。

4. 改变传统的灌输式教学,充分调动学生学习的积极性、能动性,采取灵活多样的教学方式,积极探索自主学习、合作学习、探究式学习、问题导向式学习、体验式学习、混合式学习等体现教学新理念的教学方式,提高学生学习的兴趣。

5. 依托多元的现代信息技术手段,将其有效运用于教学,改进教学方法与手段,提升教学效果。

6. 注重技能训练及重点环节的教学设计,每次活动都力求使学生上一个新台阶,技能训练既有连续性又有层次性。

7. 注重培养学生良好的操作习惯,把标准意识、规范意识、质量意识、安全意识、环保意识、服务意识、职业道德和敬业精神融入教学活动之中,促进学生综合职业素养的养成。

(三)教学评价建议

1. 以课程标准为依据,开展基于课程标准的教学评价。

2. 以评促教、以评促学,通过课堂教学及时评价,不断改进教学手段。

3. 教学评价始终坚持德技并重的原则,构建德技融合的专业课教学评价体系,把思政和职业素养的评价内容与要求细化为具体的评价指标,有机融入专业知识与技能的评价指标体系之中,形成可观察可测量的评价量表,综合评价学生学习情况。通过有效评价,在日常教学中不断促进学生良好的思想品德和职业素养的形成。

4. 注重日常教学中对学生学习的评价,充分利用多种过程性评价工具,如评价表、记录袋等,积累过程性评价数据,形成过程性评价与终结性评价相结合的评价模式。

5. 在日常教学中开展对学生学习的评价时,充分利用信息化手段,借助各类较成熟的教育评价平台,探索线上与线下相结合的评价模式,提高评价的科学性、专业性和客观性。

(四)资源利用建议

1. 开发适合教学使用的多媒体教学资源库和多媒体教学课件、微课程、示范操作视频。

2. 充分利用网络资源,搭建网络课程平台,开发网络课程,实现优质教学资源共享。

3. 积极利用数字图书馆等数字资源,使教学内容多元化,以此拓展学生的知识和能力。

4. 充分利用行业企业资源,为学生提供阶段实训,让学生在真实的环境中实践,提升职业综合素质。

5. 充分利用连锁经营与管理实训中心,将教学与实训合一,满足学生综合能力培养的要求。

商业数据统计与分析课程标准

课程名称

商业数据统计与分析

适用专业

中等职业学校连锁经营专业

一、课程性质

本课程是中等职业学校连锁经营与管理专业的一门专业核心课程,是该专业的一门必修课程。其功能是使学生掌握连锁零售商业数据统计与分析的相关知识和技能,具备从事连锁企业商业数据统计与分析工作所需的基本职业能力。本课程是市场营销实务的后续课程,为学生进一步学习其他专业课程奠定基础。

二、设计思路

本课程的总体设计思路是:遵循理论联系实际、学以致用的原则,参照连锁经营管理师国家职业技能标准的相关内容,以商业数据统计与分析等工作领域中的相关工作任务与职业能力为依据而设置。

课程内容紧紧围绕商业数据统计与分析所应具备的职业能力要求,同时充分考虑本专业中职学生对数据分析相关理论知识的需要,遵循适度够用的原则,选取相关理论知识,确定相关专业技能与要求。

课程内容的组织按照职业能力发展规律和学生认知规律,以连锁企业商业数据统计与分析活动的典型工作任务为逻辑主线,对所涵盖的工作任务进行分析、转化、序化,形成商业数据的搜集与整理、行业数据分析、用户数据分析、产品数据分析、运营数据分析、数据分析报告撰写 6 个学习任务。以任务为引领,通过任务整合相关知识、技能与态度,充分体现任务引领型课程的特点。

本课程建议总课时数为 72 学时。

三、课程目标

通过本课程的学习,学生能熟悉商业数据统计与分析的相关理论知识,掌握商业数据的搜集与整理、行业数据分析、用户数据分析、产品数据分析、运营数据分析、数据分析报告撰写等相关专业技能,达到门店数字化运营与管理职业技能等级证书(初级)的相关考核要求,具体达成以下职业素养和职业能力目标。

(一)职业素养目标

- 具有良好的职业道德,能自觉遵守行业法规、规范和企业规章制度。
- 具有一定的数据洞察力,逐渐养成认真负责、严谨细致、精心专注、务实谦虚的职业态度。
- 有较强的服务意识,树立顾客至上的理念,具有良好的人际沟通协调能力。
- 在服务过程中,形成诚实守信、热情周到的工作习惯,有一定的抗压能力,吃苦耐劳。

(二)职业能力目标

- 能运用合适的市场调研及统计方法与工具,进行连锁零售行业的商业数据搜集与整理。
- 能熟练使用 Excel 软件对数据进行处理,绘制图表。
- 能熟练使用 Tableau 软件对数据进行可视化操作。
- 能根据实际需求,熟练地使用常见的数据产品工具,对常见的行业数据、用户数据、商业运营数据等进行分析。
- 能根据商业数据分析情况,提供日常业务运营日报、周报、月报等数据报表,为企业运营提供数据支撑。
- 能撰写商业数据调查分析报告,为连锁零售企业决策提供参考。

四、课程内容与要求

学习任务	技能与学习要求	知识与学习要求	参考学时
1. 商业数据的搜集与整理	1. 搜集商业数据 ● 能通过市场调研获取某特定连锁零售企业的商业数据 ● 能通过一些官方网站获得公开的商业数据	1. 商业数据的含义与类型 ● 说出商业数据的含义 ● 列举商业企业内部数据的类型 ● 列举分销渠道数据的类型 ● 列举消费市场数据的类型 2. 商业数据获取方法 ● 列举获取直接数据的来源与方法 ● 列举获取间接数据的来源与方法 3. 市场调研获取数据的方法与流程 ● 简述市场调研获取数据的方法 ● 举例说明连锁零售行业常用的市场调研流程	

(续表)

学习任务	技能与学习要求	知识与学习要求	参考学时
1. 商业数据的搜集与整理	2. 商业数据整理 ● 能运用统计学工具和方法进行数据整理 ● 能运用数据指标分析基本数据	4. 数据整理的方法及其适用范围 ● 列举数据整理的方法 ● 简述数据整理的方法的适用范围 5. 数据整理工具的种类及使用方法 ● 列举常用的数据整理工具 ● 举例说明不同的数据整理工具的使用方法 6. 数据分析的类别与含义 ● 说出描述性数据的含义 ● 说出诊断性数据的含义 ● 说出预测性数据的含义	22
	3. 使用 Excel 软件进行数据整理 ● 能对收集到的数据进行基础的数据清洗 ● 能利用 Excel 的函数等方法完成数据基础处理 ● 能利用 Excel 完成基础数据分析 ● 能使用 Excel 完成图表的制作	7. Excel 数据分析的相关知识 ● 说出使用 Excel 进行数据分析的工作流程 ● 说出数据清洗的含义 ● 说出数据理解及补全的含义 ● 列举常用于数据分析的 Excel 函数名称及适用条件 ● 举例说明数据透视表的操作步骤 ● 举例说明 Excel 的图表使用	
	4. 使用 Tableau 软件进行数据可视化操作 ● 能使用 Tableau 软件对指定某连锁零售企业进行数据可视化操作	8. 实现数据可视化的方法、工具及经验 ● 列举实现数据可视化的方法 ● 列举实现数据可视化的常用工具 ● 简述数据可视化的操作步骤	
2. 行业数据分析	1. 连锁行业现状分析 ● 能使用百度指数、数据宝、京东万家等工具开展对连锁零售行业现状的调查	1. 常用行业数据分析工具的种类与含义 ● 说出百度指数的含义 ● 说出数据宝的含义 ● 说出京东万家的含义 2. 常用分析工具的使用方法 ● 举例说明百度指数的使用方法 ● 举例说明数据宝的使用方法 ● 举例说明京东万家的使用方法	12
	2. 连锁行业产业链分析 ● 能结合具体商品品类,进行连锁零售产业链分析	3. 产业链分析的含义与方法 ● 说出产业链分析的含义 ● 说出平均指标的含义 ● 说出总量指标与相对指标的含义 ● 举例说明行业相对指标的计算方法	

（续表）

学习任务	技能与学习要求	知识与学习要求	参考学时
2. 行业数据分析	3. 连锁行业市场分析 ● 能结合具体商品品类，进行连锁行业市场细分	4. 市场细分的含义与流程 ● 说出市场细分的含义 ● 举例说明市场细分的流程	
	4. 连锁行业竞争分析 ● 能运用波特五力模型分析连锁行业竞争环境	5. 连锁行业竞争分析的工具与使用方法 ● 列举行业竞争分析工具的种类 ● 举例说明波特五力模型的使用方法	
3. 用户数据分析	1. 用户画像绘制 ● 能运用 Vika 表单获取用户画像信息 ● 能运用生意参谋绘制指定门店的用户画像	1. 用户画像的含义与内容 ● 说出用户画像的含义 ● 说出用户画像的主要内容 2. 用户画像的绘制步骤与方法 ● 说出用户画像的绘制步骤 ● 举例说明制作 Vika 表单获取用户画像信息的方法	12
	2. 用户特征分析 ● 能多渠道收集用户数据及用户行为数据 ● 能对用户数据及用户行为数据进行整理与统计 ● 能运用生意参谋进行用户特征数据分析	3. 用户数据指标的含义与获取途径 ● 说出用户数据指标的含义 ● 简述用户数据指标的获取途径 4. 用户行为数据指标包含的内容与获取途径 ● 说出用户行为数据指标包含的内容 ● 简述用户行为数据指标的获取途径	
	3. 用户体验分析 ● 能运用用户体验历程地图（SEJ）分析用户体验	5. 用户体验新技术的内涵 ● 说出用户体验新技术的种类 ● 列举用户体验历程地图（SEJ）的内涵 ● 列举测量情绪体验技术的内涵 ● 列举眼动追踪技术的内涵 6. 用户体验数据的收集与梳理方法 ● 说出用户体验数据的收集方法 ● 说出用户体验数据的梳理方法 7. 用户体验数据的呈现方式 ● 说出用户体验数据的呈现方式	
	4. 用户价值评价 ● 能使用 RFM 模型进行指定连锁门店用户价值分析	8. 用户价值评价的指标 ● 说出用户价值评价体系的构成要素 ● 列举用户价值评价体系指标的名称 9. 用户价值分析工具及使用方法 ● 说出用户价值分析工具的名称 ● 举例说明用户价值分析工具的使用方法	

（续表）

学习任务	技能与学习要求	知识与学习要求	参考学时
4. 产品数据分析	1. 产品数据分析方法与模型确定 ● 能根据连锁企业实际，确定合适的产品数据分析方法与模型	1. 产品数据分析方法 ● 说出趋势分析的含义 ● 说出对比分析的含义 ● 说出象限分析的含义 ● 说出交叉分析的含义 2. 产品数据分析模型的应用方法 ● 举例说明波士顿矩阵的应用方法 ● 举例说明 AARRR 数据分析框架的应用方法 ● 举例说明逻辑拆解分层框架的应用方法 ● 举例说明漏斗模型分析框架的应用方法	8
	2. 产品流量分析 ● 能对特定产品进行流量数据分析 ● 能根据产品流量分析进行数据可视化操作	3. 产品流量指标的种类 ● 列举产品流量指标的种类 4. 产品流量指标的内涵 ● 说出网站流量指标的内涵 ● 说出移动流量指标的内涵 ● 说出店铺流量指标的内涵	
5. 运营数据分析	1. 竞争对手分析 ● 能运用竞争对手分析模型对连锁企业竞争对手进行分析	1. 竞争对手分析模型的种类 ● 列举竞争对手分析模型的种类 2. 竞争对手情报的来源 ● 列举竞争对手情报的来源 3. 竞争对手数据分析的方法 ● 列举竞争对手数据分析的主要方法	12
	2. 销售数据分析 ● 能搜集及整理连锁企业销售数据 ● 能根据连锁企业的历史销售数据，进行销售趋势的推测	4. 销售数据的类型和来源 ● 列举销售数据的类型 ● 列举销售数据的来源 5. 销售数据分析的方法及步骤 ● 列举销售数据分析的方法 ● 举例说明销售数据分析的步骤	
	3. 推广数据分析 ● 能进行推广数据的搜集 ● 能进行推广数据的分析 ● 能根据数据分析结果，对数据推广方案进行优化	6. 推广数据类型与来源 ● 列举推广数据的类型 ● 列举推广数据的来源 7. 推广数据分析的方法 ● 举例说明推广数据分析的方法	
	4. 绩效分析 ● 能对连锁企业进行 KPI 绩效分析	8. 员工绩效分析的指标种类 ● 列举员工绩效分析的指标种类 9. 员工绩效分析的方法 ● 举例说明员工绩效分析的方法	

（续表）

学习任务	技能与学习要求	知识与学习要求	参考学时
6. 数据分析报告撰写	1. 统计和分析调研数据 ● 能完成商业数据的描述性统计和分析 ● 能完成商业数据资料的汇总，制作统计表	1. 调研数据的统计方法 ● 说出调研数据的描述性统计方法 ● 说出商业数据的推断性统计方法 2. 调查资料统计表的结构 ● 说出调查资料统计表的结构	6
	2. 撰写商业数据调研报告 ● 能对某连锁企业撰写商业数据调查分析报告，为企业决策提供参考	3. 商业数据调查报告的基本结构 ● 列举商业数据调研报告的基本结构 4. 商业数据调查报告内容 ● 简述商业数据调研报告的内容	
总学时			72

五、实施建议

（一）教材编写与选用建议

1. 应依据本课程标准编写教材或选用教材，从国家和市级教育行政部门发布的教材目录中选用教材，优先选用国家和市级规划教材。

2. 教材要充分体现育人功能，紧密结合教材内容、素材，有机融入课程思政要求，将课程思政内容与专业知识、技能有机统一。

3. 教材编写应转变以教师为中心的传统教材观，以学生的"学"为中心，遵循中职学生学习特点与规律，以学生的思维方式设计教材结构和组织教材内容。

4. 教材编写应以商业数据统计与分析课程所涵盖的学习内容和水平为指导，以本课程标准为依据，并充分体现任务引领导向的课程设计理念。

5. 教材在进行整体设计和内容选取时，要注重引入行业发展的新业态、新知识、新技术、新工艺、新方法，对接相应的职业标准和岗位要求，贴近工作实际，体现先进性和实用性，创设或引入职业情境，增强教材的职场感。

6. 教材应以学生为本，增强对学生的吸引力，贴近岗位技能与知识的要求，符合学生的认知，采用生动活泼的、学生乐于接受的语言、案例等呈现内容，让学生在使用教材时有亲切感、真实感。

7. 教材应注重实践内容的可操作性，强调在操作中理解与应用理论。

（二）教学实施建议

1. 切实推进课程思政在教学中的有效落实，寓价值观引导于知识传授和能力培养之中,帮助学生塑造正确的世界观、人生观、价值观。深入梳理教学内容,结合课程特点,充分挖掘课程内容中的思政元素,把思政教学与专业知识、技能教学融为一体,达到润物无声的育人效果。

2. 充分体现职业教育"实践导向、任务引领、理实一体、做学合一"的课改理念,紧密联系行业的实际应用,以连锁企业商业数据统计与分析岗位的典型工作任务为载体,加强理论教学与实践教学的结合,充分利用各种实训场所与设备,以学生为教学主体,以能力为本位,以职业活动为导向、以专业技能为核心,使学生在做中学、学中做,引导学生进行实践和探索,注重培养学生的实际操作能力、分析问题和解决问题的能力。

3. 牢固树立以学生为中心的教学理念,充分尊重学生。教师应成为学生学习的组织者、指导者和同伴,遵循学生的认知特点和学习规律,围绕学生的"学"设计教学活动。

4. 改变传统的灌输式教学,充分调动学生学习的积极性、能动性,采取灵活多样的教学方式,积极探索自主学习、合作学习、探究式学习、问题导向式学习、体验式学习、混合式学习等体现教学新理念的教学方式,提高学生学习的兴趣。

5. 依托多元的现代信息技术手段,将其有效运用于教学,改进教学方法与手段,提升教学效果。

6. 注重技能训练及重点环节的教学设计,每次活动都力求使学生上一个新台阶,技能训练既有连续性又有层次性。

7. 注重培养学生良好的操作习惯,把标准意识、规范意识、质量意识、安全意识、环保意识、服务意识、职业道德和敬业精神融入教学活动之中,促进学生综合职业素养的养成。

(三)教学评价建议

1. 以课程标准为依据,开展基于课程标准的教学评价。

2. 以评促教、以评促学,通过课堂教学及时评价,不断改进教学手段。

3. 教学评价始终坚持德技并重的原则,构建德技融合的专业课教学评价体系,把思政和职业素养的评价内容与要求细化为具体的评价指标,有机融入专业知识与技能的评价指标体系之中,形成可观察可测量的评价量表,综合评价学生学习情况。通过有效评价,在日常教学中不断促进学生良好的思想品德和职业素养的形成。

4. 注重日常教学中对学生学习的评价,充分利用多种过程性评价工具,如评价表、记录袋等,积累过程性评价数据,形成过程性评价与终结性评价相结合的评价模式。

5. 在日常教学中开展对学生学习的评价时,充分利用信息化手段,借助各类较成熟的教育评价平台,探索线上与线下相结合的评价模式,提高评价的科学性、专业性和客观性。

（四）资源利用建议

1. 开发适合教学使用的多媒体教学资源库和多媒体教学课件、微课程、示范操作视频。

2. 充分利用网络资源,搭建网络课程平台,开发网络课程,实现优质教学资源共享。

3. 积极利用数字图书馆等数字资源,使教学内容多元化,以此拓展学生的知识和能力。

4. 充分利用行业企业资源,为学生提供阶段实训,让学生在真实的环境中实践,提升职业综合素质。

5. 充分利用连锁经营与管理实训中心,将教学与实训合一,满足学生综合能力培养的要求。

新媒体营销实务课程标准

课程名称

新媒体营销实务

适用专业

中等职业学校连锁经营与管理专业

一、课程性质

本课程是中等职业学校连锁经营与管理专业的一门专业核心课程,也是该专业的一门必修课程。其功能是使学生掌握运用新媒体平台进行营销的相关知识和技能,具备从事连锁企业新媒体营销相关工作所需的基本职业能力。本课程是市场营销实务、连锁门店数字化运营等课程的后续课程,能为学生职业生涯的发展奠定基础。

二、设计思路

本课程的总体设计思路是:遵循任务引领、做学一体的原则,参照连锁经营管理师国家职业技能标准的相关内容,根据连锁经营与管理专业职业岗位的工作任务和职业能力分析结果,以连锁门店新媒体营销工作领域中的相关工作任务与职业能力为依据而设置。

课程内容紧紧围绕连锁企业新媒体运营及推广所应具备的职业能力要求,同时充分考虑本专业中职学生对相关理论知识的需要,遵循适度够用的原则,选取相关理论知识,确定相关专业技能与要求,并融入互联网营销师职业技能等级证书(四级)的相关考核要求。

课程内容的组织按照职业能力发展规律和学生认知规律,以新媒体营销的典型工作任务为逻辑主线,对所涵盖的工作任务进行分析、转化、序化,形成新媒体运营认知、新媒体基础文档制作、微信营销与运营、微博营销与运营、短视频营销与运营、直播营销与运营、其他新媒体营销与运营方式7个学习任务。以任务为引领,通过任务整合相关知识、技能与态度,充分体现任务引领型课程的特点。

本课程建议总课时数为108学时。

三、课程目标

通过本课程的学习,学生能熟悉连锁企业新媒体营销的相关知识与基本策略,掌握微信营销、微博营销、短视频营销、直播营销等相关专业技能,达到互联网营销师职业技能等级证书(四级)的相关考核要求,具体达成以下职业素养和职业能力目标。

(一)职业素养目标

- 具备新媒体营销理念,拥有创新精神、团队合作精神以及人际沟通能力。
- 具有良好的职业道德,能自觉遵守行业法规、规范和企业规章制度。
- 逐渐养成认真负责、精心专注、积极上进的职业态度。
- 勇于创新、乐于奉献,有爱岗敬业的工作精神和严谨的工作作风。
- 具有良好的诚信品质、责任意识、公平竞争的意识和健康的身心素质,有一定的抗压能力,吃苦耐劳。

(二)职业能力目标

- 能进行自媒体账号的申请开通操作。
- 能进行新媒体的内容上传、修改、发布等基本操作。
- 能熟练使用编辑排版工具,对自媒体内容进行编排与美化。
- 能在自媒体内容中熟练使用图片、视频、音频、链接等功能。
- 能完成短视频内容的基础拍摄及简单剪辑制作。
- 能熟练完成自动回复、自定义菜单、留言管理、投票管理等基本设置操作。
- 能对已发布的内容进行管理,对用户评论以回复、点赞等多种方式进行回应。
- 能熟练查询后台,进行新媒体运营的数据统计与分析,对新媒体运营方案实施的效果进行有效的评价。
- 能将微信营销、微博营销、视频营销、直播营销、游戏营销、APP 营销等新媒体运营的不同手段和方法导入营销活动之中,制定可行的新营销方案。

四、课程内容与要求

学习任务	技能与学习要求	知识与学习要求	参考学时
1. 新媒体运营认知	1. 区分传统营销与新媒体运营 ● 能区分传统媒体与新媒体 ● 能从覆盖人群、覆盖场景、媒体风格三个方面,对具体的新媒体载体进行评价 2. 收集信息,查找新媒体运营人员具备的技能要求 ● 能通过网站搜索新媒体运营岗位信息,明确新媒体运营人员所需的基本技能	1. 新媒体基础知识 ● 说出新媒体的内涵 ● 列举新媒体的分类 ● 举例说明新媒体的特征 2. 新媒体运营基础知识 ● 说出新媒体运营的内涵 ● 列举新媒体运营的特点 ● 阐述新媒体的发展历程与未来趋势 ● 说出新媒体运营团队的成员构成及分工	6

学习任务	技能与学习要求	知识与学习要求	参考学时
1. 新媒体运营认知	3. 新媒体的选择 ● 能根据产品或服务的特点，选择合适的新媒体渠道进行营销推广 ● 能对新媒体渠道进行组合，配合企业的推广计划 4. 新媒体用户画像总结 ● 能使用数据分析平台查看美食类大号，总结美食类大号粉丝用户画像 ● 能使用数据分析平台查看运动服饰类大号，总结运动服饰类大号粉丝用户画像	3. 新媒体的类型 ● 说出微网站、EDM、知乎、微博、抖音、直播、微信、APP等新媒体的发展历程 ● 举例说明微网站、EDM、知乎、微博、直播、微信、APP等新媒体各自的优缺点 ● 列举微网站、EDM、知乎、微博、直播、微信、APP等新媒体所针对的不同用户群体	
2. 新媒体基础文档制作	1. 撰写新媒体文案 ● 能为新产品上市宣传海报撰写文案 ● 能为连锁企业某节日营销活动撰写文案	1. 新媒体文案写作的相关知识 ● 新媒体文案写作的一般流程 ● 新媒体文案写作的原则 ● 新媒体文案写作的注意事项	24
	2. 制作新媒体图片及海报 ● 能搜索到符合条件的图片素材 ● 能使用在线工具或制图软件制作新媒体封面图 ● 能使用在线工具或制图软件制作九宫格图 ● 能使用在线工具或制图软件制作宣传海报	2. 新媒体图片处理的相关知识 ● 说出新媒体图片使用的规范要求 ● 列举常见图片素材来源网站 ● 简述设计新媒体封面图的要求 ● 列举制作新媒体封面图的常用工具 ● 说出九宫格图的含义 ● 列举制作九宫格图的常用工具	
	3. 进行新媒体图文排版 ● 能使用在线工具或软件对新媒体文字及图片进行排版 ● 能使用在线工具制作创意字 ● 能使用在线工具制作H5页面	3. 新媒体图文排版的要求 ● 说出图文排版的含义 ● 简述新媒体图文排版的意义 ● 列举新媒体图文排版的原则 ● 举例说明新媒体图文排版的常用技巧 ● 列举进行新媒体图文排版的常用在线工具	

（续表）

学习任务	技能与学习要求	知识与学习要求	参考学时
2. 新媒体基础文档制作	4. 制作短视频 ● 能撰写短视频脚本 ● 能使用在线视频编辑工具进行短视频编辑	4. 短视频制作的相关知识 ● 新媒体短视频运营的含义 ● 新媒体短视频运营的作用 ● 新媒体短视频制作的步骤 ● 新媒体短视频的主要类型 ● 常见新媒体短视频编辑的软件工具 ● 新媒体短视频发布的规范要求	
3. 微信营销与运营	1. 收集并分析微信营销的成功案例 ● 能利用网络，收集微信营销的成功案例并进行分析	1. 微信基础知识 ● 列举微信的功能 ● 简述微信对互联网生态的影响 ● 举例说明企业重视微信的原因 2. 微信营销的基础知识 ● 说出微信营销的含义 ● 列举微信营销的特点 ● 说出微信营销的常用模式	12
	2. 运营微信个人号 ● 能进行个人微信号的注册 ● 能设计微信个人号的昵称、头像、个性签名及封面图 ● 能进行好友分组设置 ● 能制作文案，发布朋友圈，进行产品营销	3. 微信个人号的营销价值 ● 说出微信个人号的营销价值 ● 列举微信个人号 IP 设计的主要内容 ● 列举微信个人号好友的管理方法 4. 微信朋友圈的基础知识 ● 说出微信朋友圈的特点 ● 说出微信朋友圈定位的含义 ● 简述微信朋友圈内容的规划原则 ● 举例说明微信朋友圈内容的发布技巧	
	3. 运营微信公众号 ● 能注册并设置微信公众号 ● 能操作微信公众号的后台，进行公众号的基础设置 ● 能根据选题及宣传文案，进行公众号的图文排版，并进行发布	5. 微信公众号的营销价值 ● 说出微信公众号的营销价值 ● 列举微信公众号的类型 ● 简述微信公众号后台的栏目及功能 ● 简述微信公众号选题的原则及要求 ● 举例说明微信公众号内容创作的技巧及要求 ● 说出进行微信公众号图文排版的常用在线工具	

学习任务	技能与学习要求	知识与学习要求	参考学时
4. 微博营销与运营	1. 注册微博账号 ● 能注册并设置微博账号 ● 能进行企业微博的认证 ● 能对微博进行合理的定位	1. 微博的营销价值 ● 说出微博的含义 ● 列举主流的微博平台名称 ● 简述微博的传播特征 ● 举例说明微博常用的功能及使用方法 ● 阐述微博的营销价值 2. 微博营销的基础知识 ● 说出微博营销的含义 ● 列举微博开展营销的常见模式	10
	2. 制定微博营销活动方案 ● 能执行连锁企业的微博营销活动方案 ● 能利用微博营销效果检验的八个指标,采集数据并对微博营销效果进行分析 3. 发布微博信息 ● 能根据微博营销策略,编制微博信息并进行发布	3. 微博营销的操作方法 ● 简述开展微博营销的基本步骤 ● 举例说明微博营销能给企业带好的好处 ● 举例说明微博营销效果检验的指标 ● 举例说明微博营销效果考核的原则 ● 列举微博推广运营的常用技巧	
5. 短视频营销与运营	1. 收集并分析短视频营销的成功案例 ● 能利用网络,收集短视频营销的成功案例并进行分析	1. 短视频营销的相关知识 ● 说出短视频营销的定义及特点 ● 列举短视频营销的主流平台名称 ● 简述短视频营销的优势	16
	2. 开展短视频营销 ● 能根据抖音、火山等视频平台规则,选择宣传主题,进行短视频脚本的撰写 ● 能独立录制短视频,并运用相关工具进行剪辑 ● 能在短视频平台进行短视频的发布 ● 能通过短视频相关指标,评价短视频制作的效果	2. 短视频运营的流程 ● 说出短视频选题策划的注意事项 ● 简述短视频账号基础信息设置的要求 3. 短视频营销与运营的策略 ● 简述常见短视频营销的策略 ● 简述常见短视频运营的策略 4. 短视频营销与运营的数据分析 ● 简述短视频营销与运营数据分析的意义 ● 列举短视频营销与运营数据分析的指标 ● 说出主流的短视频营销与运营数据分析的工具名称	

（续表）

学习任务	技能与学习要求	知识与学习要求	参考学时
6. 直播营销与运营	1. 收集并分析直播营销的成功案例 ● 能利用网络，收集直播营销的成功案例并进行初步分析 2. 策划并实施直播营销 ● 能根据直播营销目标，撰写直播营销活动方案 ● 能根据直播方案，做好直播前的准备 ● 能根据直播方案，组织并撰写直播脚本 ● 能根据直播脚本，完成直播活动 ● 能收集直播的相关数据，对直播营销活动的效果进行初步分析	1. 直播营销的含义 ● 说出直播营销的含义 ● 举例说明直播营销的变现模式 ● 列举常见的直播营销场景 2. 主流直播平台 ● 列举主流直播平台的名称 ● 简述各类直播平台的优势 ● 简述各主流直播平台的规则 3. 直播营销的前期规划 ● 说出直播营销活动的五个环节 ● 说出确定直播营销目标的三个层次 ● 列举常见的直播营销方式 4. 直播营销的过程控制 ● 直播中常用的开场方式 ● 直播中常用的互动技巧 ● 直播中常用的收尾技巧 5. 直播营销的复盘总结 ● 说出直播复盘的意义 ● 列举直播复盘的数据指标	24
7. 其他新媒体营销与运营	1. 制作 H5 ● 能使用在线工具，制作一份产品宣传的 H5 营销作品，并通过微信平台进行发布 2. 收集并分析 APP 营销的成功案例 ● 能利用网络，收集 APP 营销的成功案例并进行初步分析 3. 收集并分析游戏营销的成功案例 ● 能利用网络，收集游戏营销的成功案例并进行分析 4. 制定游戏营销方案 ● 能自选产品，结合产品特性，以团队的形式设计游戏营销方案	1. H5 营销的基础知识 ● 说出 H5 营销的含义 ● 简述 H5 营销与传统营销比较的优势 ● 列举 H5 营销常见的表现形式 ● 简述 H5 营销的设计流程 ● 举例说明 H5 营销的注意事项 2. APP 营销的基础知识 ● 说出 APP 营销的含义 ● 列举 APP 营销的特点 ● 简述 APP 营销推广的常用技巧 3. 游戏营销的基础知识 ● 说出游戏营销的含义 ● 列举游戏植入式广告的常见形式 ● 列举游戏与现实整合营销的常用做法 ● 游戏营销的优势和劣势	16
总学时			108

五、实施建议

（一）教材编写与选用建议

1. 应依据本课程标准编写教材或选用教材，从国家和市级教育行政部门发布的教材目录中选用教材，优先选用国家和市级规划教材。

2. 教材要充分体现育人功能，紧密结合教材内容、素材，有机融入课程思政要求，将课程思政内容与专业知识、技能有机统一。

3. 教材编写应转变以教师为中心的传统教材观，以学生的"学"为中心，遵循中职学生学习特点与规律，以学生的思维方式设计教材结构和组织教材内容。

4. 教材编写应以新媒体营销实务课程所涵盖的学习内容和水平为指导，以本课程标准为依据，并充分体现任务引领导向的课程设计理念。

5. 教材在进行整体设计和内容选取时，要注重引入行业发展的新业态、新知识、新技术、新工艺、新方法，对接相应的职业标准和岗位要求，贴近工作实际，体现先进性和实用性，创设或引入职业情境，增强教材的职场感。

6. 教材应以学生为本，增强对学生的吸引力，贴近岗位技能与知识的要求，符合学生的认知，采用生动活泼的、学生乐于接受的语言、案例等呈现内容，让学生在使用教材时有亲切感、真实感。

7. 教材应注重实践内容的可操作性，强调在操作中理解与应用理论。

（二）教学实施建议

1. 切实推进课程思政在教学中的有效落实，寓价值观引导于知识传授和能力培养之中，帮助学生塑造正确的世界观、人生观、价值观。深入梳理教学内容，结合课程特点，深入挖掘课程内容中的思政元素，把思政教学与专业知识、技能教学融为一体，达到润物无声的育人效果。

2. 充分体现职业教育"实践导向、任务引领、理实一体、做学合一"的课改理念，紧密联系行业的实际应用，以连锁企业新媒体营销岗位的典型工作任务为载体，加强理论教学与实践教学的结合，充分利用各种实训场所与设备，以学生为教学主体，以能力为本位，以职业活动为导向，以专业技能为核心，使学生在做中学、学中做，引导学生进行实践和探索，注重培养学生的实际操作能力、分析问题和解决问题的能力。

3. 牢固树立以学生为中心的教学理念，充分尊重学生。教师应成为学生学习的组织者、指导者和同伴，遵循学生的认知特点和学习规律，围绕学生的"学"设计教学活动。

4. 改变传统的灌输式教学，充分调动学生学习的积极性、能动性，采取灵活多样的教学方式，积极探索自主学习、合作学习、探究式学习、问题导向式学习、体验式学习、混合式学习

等体现教学新理念的教学方式,提高学生学习的兴趣。

5. 依托多元的现代信息技术手段,将其有效运用于教学,改进教学方法与手段,提升教学效果。

6. 注重技能训练及重点环节的教学设计,每次活动都力求使学生上一个新台阶,技能训练既有连续性又有层次性。

7. 注重培养学生良好的操作习惯,把标准意识、规范意识、质量意识、安全意识、环保意识、服务意识、职业道德和敬业精神融入教学活动之中,促进学生综合职业素养的养成。

（三）教学评价建议

1. 以课程标准为依据,开展基于课程标准的教学评价。

2. 以评促教、以评促学,通过课堂教学及时评价,不断改进教学手段。

3. 教学评价始终坚持德技并重的原则,构建德技融合的专业课教学评价体系,把思政和职业素养的评价内容与要求细化为具体的评价指标,有机融入专业知识与技能的评价指标体系之中,形成可观察可测量的评价量表,综合评价学生学习情况。通过有效评价,在日常教学中不断促进学生良好的思想品德和职业素养的形成。

4. 注重日常教学中对学生学习的评价,充分利用多种过程性评价工具,如评价表、记录袋等,积累过程性评价数据,形成过程性评价与终结性评价相结合的评价模式。

5. 在日常教学中开展对学生学习的评价时,充分利用信息化手段,借助各类较成熟的教育评价平台,探索线上与线下相结合的评价模式,提高评价的科学性、专业性和客观性。

（四）资源利用建议

1. 开发适合教学使用的多媒体教学资源库和多媒体教学课件、微课程、示范操作视频。

2. 充分利用网络资源,搭建网络课程平台,开发网络课程,实现优质教学资源共享。

3. 积极利用数字图书馆等数字资源,使教学内容多元化,以此拓展学生的知识和能力。

4. 充分利用行业企业资源,为学生提供阶段实训,让学生在真实的环境中实践,提升职业综合素质。

5. 充分利用连锁经营与管理实训中心,将教学与实训合一,满足学生综合能力培养的要求。

连锁企业网络零售实务课程标准

▍课程名称

连锁企业网络零售实务

▍适用专业

中等职业学校连锁经营与管理专业

一、课程性质

本课程是中等职业学校连锁经营与管理专业的一门专业核心课程,也是该专业的一门必修课程。其功能是使学生掌握网络零售的相关知识和技能,具备从事连锁企业线上零售相关工作所需的基本职业能力。本课程是连锁企业经营实务、连锁门店数字化运营等课程的后续课程,能为学生职业生涯的发展奠定基础。

二、设计思路

本课程的总体设计思路是:遵循任务引领、做学一体的原则,参照连锁经营管理师国家职业技能标准的相关内容,根据连锁经营与管理专业职业岗位的工作任务和职业能力分析结果,以连锁企业线上运营工作领域中的相关工作任务与职业能力为依据而设置。

课程内容紧紧围绕连锁企业网络零售所应具备的职业能力要求,同时充分考虑本专业中职学生对相关理论知识的需要,遵循适度够用的原则,选取相关理论知识,确定相关专业技能与要求,并融入门店数字化运营与管理职业技能等级证书(初级)的相关考核要求。

课程内容的组织按照职业能力发展规律和学生认知规律,以连锁企业网络零售的典型工作任务为逻辑主线,对所涵盖的工作任务进行分析、转化、序化,形成连锁企业网络零售准备、连锁企业线上店铺开设、连锁企业线上店铺商品发布、连锁企业线上店铺的日常运营与管理、连锁门店线上店铺的数据管理、连锁门店线上店铺推广与营销6个学习任务。以任务为引领,通过任务整合相关知识、技能与态度,充分体现任务引领型课程的特点。

本课程建议总课时数为108学时。

三、课程目标

通过本课程的学习,学生能熟悉连锁企业网络零售的相关知识,掌握连锁企业网络零售的准备、线上店铺开设、商品发布、店铺日常运营与管理、店铺数据管理、店铺推广与营销等相关专业技能,达到门店数字化运营与管理职业技能等级证书(初级)的相关考核要求,具体达成以下职业素养和职业能力目标。

(一)职业素养目标

- 具备新零售理念,拥有创新精神、团队合作精神以及人际沟通能力。
- 具有良好的职业道德,能自觉遵守行业法规、规范和企业规章制度。
- 逐渐养成认真负责、精心专注、积极上进的职业态度。
- 勇于创新、乐于奉献,有爱岗敬业的工作精神和严谨的工作作风。
- 具有良好的诚信品质、责任意识、公平竞争的意识和健康的身心素质,有一定的抗压能力,吃苦耐劳。

(二)职业能力目标

- 能选择合适的线上平台,进行店铺注册。
- 能确定店铺调性并进行店铺装修。
- 能进行店铺定位,制定产品选品方案,协助进行商品的拍摄与上架。
- 能根据线上订单要求,拣选及包装商品,进行发货作业。
- 能根据网络零售客户服务的作业规范,进行售前、售后客户服务,回答客户的咨询,处理客户的投诉。
- 能对线上门店商品销售的数量、品种等进行统计分析,判断单品运营情况。
- 能对各类消费点评平台的排名及销量等数据进行监控,采集顾客的网络评价反馈信息。
- 能通过线上店铺后台数据,进行顾客黏性分析及价值分析,进行店铺客户管理。
- 能开展门店的线上促销,通过设置优惠券、折扣券、满减等活动开展促销。
- 能利用站内推广及站外推广的手段吸引流量,扩大商品曝光率,提升门店销量。
- 能利用站内及第三方工具,对店铺运行的相应数据进行采集,做出与本品牌相匹配的线上推广方案。

四、课程内容与要求

学习任务	技能与学习要求	知识与学习要求	参考学时
1. 连锁企业网络零售准备	1. 判断网络销售的类型 ● 能熟练登录主流网络零售平台 ● 能查找同一企业在不同零售平台上的 B2C 店铺,比较不同点	1. 网络零售的相关基础知识 ● 说出网络零售的含义 ● 列举网络零售的类型 ● 阐述网络零售与传统零售的区别 ● 列举主流网络零售平台的名称	

（续表）

学习任务	技能与学习要求	知识与学习要求	参考学时
1. 连锁企业网络零售准备		● 简述网络零售的发展趋势 2. 网络零售交易规则的内容 ● 说出《中华人民共和国电子商务法》主要条款 ● 说出淘宝、京东等主流网络零售平台的交易规则	12
	2. 对线上店铺进行定位 ● 能根据连锁企业实际，对线上店铺进行合理定位，确定店铺风格 ● 能根据店铺风格，选择合适的网络零售平台	3. 线上店铺的定位 ● 说出线上店铺定位的含义 ● 简述线上店铺定位的内容 ● 简述线上店铺定位的意义 ● 说出店铺风格定位的含义 ● 列举常见的店铺风格类型	
	3. 线上店铺的选品 ● 能根据店铺的定位，进行合理的品类规划 ● 能根据店铺的品类规划，做出店铺的选品方案	4. 线上店铺品类规划的相关知识 ● 说出品类布局的含义 ● 举例说明进行品类布局的常用方法 ● 列举品类规划参考的要素	
	4. 确定网络零售的货源 ● 能根据企业经营实际及目标，选择最优的货源渠道	5. 线上店铺的主要货源渠道 ● 说出线上店铺的主要货源渠道 ● 简述不同货源渠道对线上经营的影响	
2. 连锁企业线上店铺开设	1. 申请与开通线上店铺 ● 能选择合适的平台开设线上店铺 ● 能完成店铺的注册与认证 ● 能对店铺的基本信息进行设置	1. 线上店铺的开设条件与流程 ● 说出主流网络零售平台对企业店铺开设的要求与条件 ● 说出主流网络零售平台店铺申请的流程 ● 简述主流网络零售平台店铺开通的方法	24
	2. 设计并制作店铺首页 ● 能根据店铺 Logo 的设计原则，借助工具，完成店铺 Logo 的设计及制作 ● 能根据店铺的定位及调性，借助工具，完成店铺 Banner 的设计及制作 ● 能完成商品推荐橱窗的内容设置、图片轮播效果的设计及制作	2. 线上店铺的设计要求 ● 说出首页框架布局的要求 ● 说出店铺招牌的制作要求 ● 说出首页 Banner 的排版布局要求	

（续表）

学习任务	技能与学习要求	知识与学习要求	参考学时
2. 连锁企业线上店铺开设	3. 设计并制作品牌宣传页 ● 能根据店铺品牌特性，借助工具，进行品牌宣传页的制作 ● 能进行店铺营销活动页的设计及制作	3. 店铺品牌宣传页的制作要求 ● 说出品牌宣传页的作用 ● 列举品牌宣传页的构成要素 ● 简述常见活动页的构成要求	
3. 连锁企业线上店铺商品发布	1. 制作商品标题 ● 能根据商品性质，制作商品标题 ● 能对商品标题的关键词进行优化	1. 商品标题的相关知识 ● 列举商品标题的构成 ● 说出商品标题的作用 ● 简述优化商品标题关键词的方法与步骤	12
	2. 制作商品图片 ● 能根据商品特性，完成商品主图及其他图片的制作 ● 能根据商品特点，进行商品详情页的设计及制作	2. 商品图片的相关知识 ● 说出主流网络零售平台对商品图片数量及规格的要求 ● 简述商品主图设计的原则 ● 简述商品详情页的内容及构成 ● 举例说明商品详情页设计的规范要求	
	3. 上传及维护商品信息 ● 能在后台进行商品信息的维护 ● 能设置运费模板 ● 能在后台设置商品的库存预警提示 ● 能完成商品图片的上传 ● 能查询后台商品库存和销售数据	3. 商品的发布流程 ● 说出主流网络零售平台商品发布的流程 ● 说出后台商品设置的主要内容 4. 网络零售平台的主要物流方式 ● 列举主流网络零售平台的主要物流方式 ● 说出后台设置物流方式的主要内容	
4. 连锁企业线上店铺的日常运营与管理	1. 店铺订单的日常管理 ● 能完成订单的审核、发货以及延长收货时间的处理 ● 能对修改信息的订单进行审核及处理 ● 能对申请退换货的订单进行退换货的处理	1. 网络零售订单的相关知识 ● 说出订单的含义 ● 列举网络零售订单的类型 ● 简述网络零售订单的处理原则 2. 网络零售订单的处理流程 ● 说出日常订单的处理流程 ● 说出售后订单的处理流程 3. 网络零售的退换货政策 ● 说出主流网络零售平台关于退换货的政策 ● 说出店铺进行退换货的流程及注意事项	24

（续表）

学习任务	技能与学习要求	知识与学习要求	参考学时
4. 连锁企业线上店铺的日常运营与管理	2. 店铺客户服务的日常管理 ● 能接受顾客的售前咨询，用合理的方式对顾客进行售前商品推荐或讲解 ● 能熟悉店铺的业务，正确回答顾客关于物流、支付及其他服务的咨询 ● 能受理客户的投诉，判断客户投诉的问题并进行初步处理	4. 线上店铺客户服务的作业规范 ● 简述线上店铺客服工作的重要性 ● 说出店铺客服服务用语的规范要求 ● 说出店铺客服的作业规范要求 5. 售前客服的相关知识 ● 说出售前客服的工作流程 ● 列举售前问题的主要类型 ● 简述售前问题的处理技巧 6. 售后客服的相关知识 ● 列举售后问题的主要类型 ● 说出售后客服的工作流程 ● 列举售后问题的处理技巧 ● 列举常见支付问题产生的源头和处理方法 ● 说出物流问题的处理技巧	
	3. 店铺客户的日常管理 ● 能通过店铺的内部数据收集客户的信息 ● 能根据客户消费数据，对客户进行分类，并提供差异化的服务 ● 能分析客户流失的原因，并采取相应措施挽回客户	7. 客户维护的重要性 ● 说出客户维护的重要性 ● 举例说明客户信息收集与管理的方法 ● 列举客户分类的方法 ● 简述不同类别客户的维护要求	
5. 连锁门店线上店铺的数据管理	1. 获取线上店铺运营数据 ● 能收集相关评价指标的有效数据 ● 能根据数据分析运营情况，并指出存在的问题	1. 网络零售运营分析的数据指标种类与含义 ● 列举评价店铺运营情况的数据指标的名称 ● 说出网络零售运营数据指标的具体含义 2. 网络零售运营数据的相关知识 ● 说出站内收集店铺运营数据的工具名称 ● 列举常用的第三方电商运营数据分析工具的名称 ● 说出常用的第三方电商运营数据分析工具的特点	12
	2. 获取店铺单品的运营数据 ● 能在站内收集店铺单品的运营数据，计算分析指标 ● 能通过数据分析结果，判断单品的运营状况 ● 能根据单品的运营状况，给出初步改进建议	3. 单品运营分析的数据指标 ● 列举单品运营分析数据指标的名称 ● 说出单品运营分析数据指标的含义	

（续表）

学习任务	技能与学习要求	知识与学习要求	参考学时
5. 连锁门店线上店铺的数据管理	3. 客户数据的分析与应用 ● 能运用信息技术工具制作用户画像 ● 能对会员进行精准营销定位	4. 客户分析的数据指标 ● 说出用户画像的含义 ● 列举用户画像的作用 ● 制作用户画像的主要方法	
6. 连锁门店线上店铺推广与营销	1. 设计店铺营销活动 ● 能根据店铺运营需要,设计合理的促销活动,在后台进行设置 ● 能选择合适的优惠券,并在后台进行设置 ● 能报名参加网络零售平台的促销活动 ● 能运用合理的整体促销策略,提升店铺的曝光度及销售额	1. 店铺促销活动的组织 ● 列举主流网络零售平台的营销活动类型 ● 列举线上店铺常用的店内促销活动类型 2. 店铺促销活动后台设置的主要内容与注意事项 ● 列举网络零售后台促销活动设置的主要内容 ● 举例说明网络零售后台促销活动设置的注意事项	24
	2. 制定站内推广策略 ● 能根据店铺运营情况,选择合适的站内推广工具	3. 站内推广的常用工具 ● 列举主流网络零售平台站内推广的常用工具 ● 举例说明站内推广工具的作用 ● 说出站内推广工具的使用方法	
	3. 制定站外推广策略 ● 能根据店铺运营情况,选择合适的站外推广工具 ● 能结合连锁企业的自媒体平台,开展店铺的站外推广营销	4. 站外推广的常用方式与主要效果 ● 列举站外推广的常用方式 ● 说出站外推广的主要效果	
总学时			108

五、实施建议

（一）教材编写与选用建议

1. 应依据本课程标准编写教材或选用教材,从国家和市级教育行政部门发布的教材目录中选用教材,优先选用国家和市级规划教材。

2. 教材要充分体现育人功能,紧密结合教材内容、素材,有机融入课程思政要求,将课程思政内容与专业知识、技能有机统一。

3. 教材编写应转变以教师为中心的传统教材观,以学生的"学"为中心,遵循中职学生学习特点与规律,以学生的思维方式设计教材结构和组织教材内容。

4. 教材编写应以连锁企业网络零售实务课程所涵盖的学习内容和水平为指导,以本课程标准为依据,并充分体现任务引领导向的课程设计理念。

5. 教材在进行整体设计和内容选取时,要注重引入行业发展的新业态、新知识、新技术、新工艺、新方法,对接相应的职业标准和岗位要求,贴近工作实际,体现先进性和实用性,创设或引入职业情境,增强教材的职场感。

6. 教材应以学生为本,增强对学生的吸引力,贴近岗位技能与知识的要求,符合学生的认知,采用生动活泼的、学生乐于接受的语言、案例等呈现内容,让学生在使用教材时有亲切感、真实感。

7. 教材应注重实践内容的可操作性,强调在操作中理解与应用理论。

(二)教学实施建议

1. 切实推进课程思政在教学中的有效落实,寓价值观引导于知识传授和能力培养之中,帮助学生塑造正确的世界观、人生观、价值观。深入梳理教学内容,结合课程特点,充分挖掘课程内容中的思政元素,把思政教学与专业知识、技能教学融为一体,达到润物无声的育人效果。

2. 充分体现职业教育"实践导向、任务引领、理实一体、做学合一"的课改理念,紧密联系行业的实际应用,以连锁企业网络零售岗位的典型工作任务为载体,加强理论教学与实践教学的结合,充分利用各种实训场所与设备,以学生为教学主体,以能力为本位,以职业活动为导向,以专业技能为核心,使学生在做中学、学中做,引导学生进行实践和探索,注重培养学生的实际操作能力、分析问题和解决问题的能力。

3. 牢固树立以学生为中心的教学理念,充分尊重学生。教师应成为学生学习的组织者、指导者和同伴,遵循学生的认知特点和学习规律,围绕学生的"学"设计教学活动。

4. 改变传统的灌输式教学,充分调动学生学习的积极性、能动性,采取灵活多样的教学方式,积极探索自主学习、合作学习、探究式学习、问题导向式学习、体验式学习、混合式学习等体现教学新理念的教学方式,提高学生学习的兴趣。

5. 依托多元的现代信息技术手段,将其有效运用于教学,改进教学方法与手段,提升教学效果。

6. 注重技能训练及重点环节的教学设计,每次活动都力求使学生上一个新台阶,技能训练既有连续性又有层次性。

7. 注重培养学生良好的操作习惯,把标准意识、规范意识、质量意识、安全意识、环保意识、服务意识、职业道德和敬业精神融入教学活动之中,促进学生综合职业素养的养成。

(三)教学评价建议

1. 以课程标准为依据,开展基于课程标准的教学评价。

2. 以评促教、以评促学,通过课堂教学及时评价,不断改进教学手段。

3. 教学评价始终坚持德技并重的原则,构建德技融合的专业课教学评价体系,把思政和职业素养的评价内容与要求细化为具体的评价指标,有机融入专业知识与技能的评价指标体系之中,形成可观察可测量的评价量表,综合评价学生学习情况。通过有效评价,在日常教学中不断促进学生良好的思想品德和职业素养的形成。

4. 注重日常教学中对学生学习的评价,充分利用多种过程性评价工具,如评价表、记录袋等,积累过程性评价数据,形成过程性评价与终结性评价相结合的评价模式。

5. 在日常教学中开展对学生学习的评价时,充分利用信息化手段,借助各类较成熟的教育评价平台,探索线上与线下相结合的评价模式,提高评价的科学性、专业性和客观性。

(四)资源利用建议

1. 开发适合教学使用的多媒体教学资源库和多媒体教学课件、微课程、示范操作视频。

2. 充分利用网络资源,搭建网络课程平台,开发网络课程,实现优质教学资源共享。

3. 积极利用数字图书馆等数字资源,使教学内容多元化,以此拓展学生的知识和能力。

4. 充分利用行业企业资源,为学生提供阶段实训,让学生在真实的环境中实践,提升职业综合素质。

5. 充分利用连锁经营与管理实训中心,将教学与实训合一,满足学生综合能力培养的要求。

商业法律与法规课程标准

▌课程名称

商业法律与法规

▌适用专业

中等职业学校连锁经营与管理专业

一、课程性质

本课程是中等职业学校连锁经营与管理专业的一门专业核心课程,也是该专业的一门必修课程。其功能是使学生能识读和理解与商业经营活动密切相关的法律法规的基本内容,增强商业法律意识,也为学生学习其他后续专业课程奠定基础。

二、设计思路

本课程的总体设计思路是:遵循必需、够用、学以致用的原则,参照连锁经营管理师国家职业技能标准(四级)的相关内容,以连锁门店开展经营活动必须遵守的国家法律法规、连锁行业规范及标准为依据而设置。

课程内容紧紧围绕连锁经营与管理从业人员需要具备的法律知识,选取与商业经营活动密切相关的法律法规作为课程教学内容,融入连锁经营管理师职业技能等级证书(四级)的相关考核要求,同时充分考虑本专业中职学生对相关理论知识的需要,遵循适度够用的原则,选取相关理论知识,确定相关专业学习要求。

课程内容的组织以连锁企业商业经营活动相关的法律法规知识为主线,形成民法典相关条款、知识产权法律制度、公司法律制度、产品质量法律制度、反不正当竞争法律制度、消费者权益保护法律制度、劳动法律制度、消防法、食品安全法、电子商务法、网络直播营销行为规范、消费金融管理办法 12 个学习任务。

本课程建议总课时数为 72 学时。

三、课程目标

通过本课程的学习,学生具备正确识读、理解和初步掌握连锁经营企业所涉及的基础商业法律法规内容,熟悉相关法律法规的运用,树立遵纪守法意识,能对连锁企业经营与管理中的相关纠纷案件做出初步分析并得出正确的结论,达到连锁经营管理师职业技能等级证书(四级)的相关考核要求,在此基础上形成以下职业素养与职业能力目标。

(一) 职业素养目标

- 树立守法意识,能自觉遵守国家法律法规、行业规范和企业规章制度。
- 逐渐养成认真负责、严谨细致、精心专注、积极上进的职业态度。
- 具备良好的团队合作意识,积极参与团队学习与实践,主动协助同伴完成任务,提高人际沟通能力。

(二) 职业能力目标

- 能理解民法典中的相关条款,知晓不同当事人在民事活动中的权利和义务。
- 能依据商业合同订立的相关条款,理解商业合同的订立程序和管理规范。
- 能依据知识产权取得的条件,对企业知识产权进行合法性判断。
- 能依据公司法律制度,理解有限责任公司设立的条件和程序。
- 能依据生产者与销售者的产品质量责任和义务以及公司产品物料内部管理标准,对商品的保质期进行检查,确保不发生物料产品包装破损、无标签、没有生产到期标识、超过质保期限等违规情况。
- 能依据不正当竞争行为的种类,识别和判断商业经营活动中的不正当竞争行为,分析该行为及应承担的法律责任。
- 能依据消费者权益保护法的相关规定,判断和分析商业活动中侵犯消费者权益的行为及应承担的法律责任。
- 能依据消费者权益保护法的相关规定,准确告知顾客售后服务保障,提高顾客的满意度,以及快速处理在企业授权范围内的消费者投诉。
- 能依据劳动法及相关法律法规,分析实习、兼职及具体案例中产生的劳动争议如何解决,维护劳动者的权益。
- 能严格按照消防法和公司内部安全操作规范要求,检查现场消防安全设施,避免安全事故的发生。
- 能依据食品安全法的相关规定,理解食品安全要求,做好食品安全管理。
- 能依据国家关于新媒体传播的相关规定,规范新媒体营销行为,加强信息内容导向性、真实性、合法性审核,遵守相关平台规范守则。

四、课程内容与要求

学习主题	内　容	学　习　要　求	参考学时
1. 民法典相关条款	1. 民事权利	● 说出民事权利的概念和调整对象 ● 列举民事行为能力的种类	8
	2. 民事法律行为	● 说出民事法律行为的概念和特征 ● 说出民事行为的效力 ● 说出民事责任的类型	
	3. 合同	● 说出合同的概念、特征及基本原则 ● 说出商业合同订立的主要条款 ● 描述商业合同的订立程序 ● 说出合同的管理规范	
	4. 侵权责任	● 列举侵权责任的种类 ● 说出侵权责任的承担方式	
2. 知识产权法律制度	1. 知识产权的概念和特征	● 说出知识产权的概念和特征 ● 描述知识产权的范围和法律性质	6
	2. 专利权人和商标权人的主要权利和义务	● 说出专利权和商标权的内容及其效力 ● 描述专利权人和商标权人的主要权利和义务	
	3. 侵犯知识产权的行为以及应承担的法律责任	● 列举侵犯知识产权的行为 ● 说出知识产权侵权行为应承担的法律责任	
3. 公司法律制度	1. 公司的概念	● 说出公司的概念、特征和分类 ● 描述公司与其他企业形态的区别	6
	2. 公司的设立程序和组织机构	● 说出有限责任公司和股份有限公司的概念、特征和组织机构 ● 描述有限责任公司和股份有限公司的设立条件和程序	
	3. 违反公司法的行为及应承担的法律责任	● 辨识违反公司法的行为 ● 说出违反公司法应承担的法律责任 ● 说出公司法中资金管理规定的规范与要求	
4. 产品质量法律制度	1. 产品质量的基本概念	● 说出产品和产品质量的概念 ● 识别不同类型、不同标准的产品质量标志符号 ● 说出我国产品质量监管制度的相关规定	

（续表）

学习主题	内　容	学　习　要　求	参考学时
4. 产品质量法律制度	2. 生产者与销售者的产品质量责任与义务及产品的构成要件	● 说出生产者与销售者的产品质量责任与义务 ● 识别常见的产品质量问题,并列举存在的相应安全隐患 ● 说出产品的构成要件	8
	3. 违反产品质量监管制度的行为及应承担的法律责任	● 识别商业经营活动中违反产品质量监管制度的行为 ● 说出违反产品质量监管制度应承担的法律责任	
5. 反不正当竞争法律制度	1. 不正当竞争与正当竞争、不平等竞争和垄断竞争等概念	● 说出不正当竞争与正当竞争、不平等竞争和垄断竞争的概念 ● 判断商业经营活动中的不正当竞争与正当竞争、不平等竞争与垄断竞争行为	4
	2. 不正当竞争行为的种类	● 说出不正当竞争行为的种类 ● 识别商业经营活动案例中的不正当竞争行为	
	3. 违反不正当竞争法应承担的法律责任	● 列举违反不正当竞争法应承担的法律责任	
6. 消费者权益保护法律制度	1. 消费者权益保护法的立法宗旨	● 说出消费者的概念以及权利和义务 ● 说出消费者权益保护法的宗旨和基本原则	4
	2. 侵害消费者权益的行为及应承担的法律责任	● 列举侵害消费者权益的行为 ● 说出侵害消费者权益的行为应承担的法律责任	
	3. 消费者权益争议的解决途径	● 说出解决消费者权益争议的正确方式和途径	
7. 劳动法律制度	1. 劳动法的概念	● 说出劳动法的概念 ● 说出劳动法的调整对象和适用范围	6
	2. 劳动合同的订立、解除条件和程序	● 说出劳动合同订立的概念和原则 ● 说出劳动合同解除的条件和程序	
	3. 劳动争议的解决途径	● 说出劳动争议的概念和适用范围 ● 说出劳动争议的解决原则和途径 ● 运用劳动法的相关法律法规分析实习、打工以及具体案例中产生的劳动争议如何解决,维护劳动者的权益	

学习主题	内　　容	学　习　要　求	参考学时
8. 消防法	1. 消防工作原则	● 说出消防法制定的目的和方针 ● 说出消防法制定的消防工作原则	4
	2. 消防安全法职责的履行	● 列举公司内部消防操作安全规范与安全职责 ● 说出消防安全设施的使用方法与制度 ● 说出紧急消防的应急预案与操作规程	
	3. 违反消防法相关规定的法律责任	● 列举违反消防法行为及应承担的法律责任	
9. 食品安全法	1. 食品安全法的基本原理	● 说出食品安全法的性质和特征 ● 列举食品安全法的适用范围和基本原理	6
	2. 食品生产经营者对其生产经营食品的安全责任	● 说出食品安全标准 ● 说出食品安全事故处置机制和处理流程	
	3. 违反食品安全法的行为及应承担的法律责任	● 列举违反食品安全法的行为 ● 说出食品安全法律责任	
10. 电子商务法	1. 电子商务经营者的含义和类型	● 说出电子商务经营者的含义 ● 列举电子商务经营者的类型	8
	2. 电子商务经营者和电子商务平台经营者的义务与责任	● 说出电子商务经营者和电子商务平台经营者的一般性义务与责任 ● 列举电子商务平台经营者的违约责任	
	3. 电子商务合同的订立、履行及争议的解决	● 说出电子商务合同的订立程序和履行方法 ● 说出电子商务争议的解决途径	
11. 网络直播营销行为规范	1. 网络直播营销行为规范	● 说出网络直播营销行为规范的适用范围 ● 说出网络直播营销行为规范的原则	8
	2. 商家、主播、网络直播营销平台及其他参与者应遵守的相关法律法规	● 说出网络直播平台的种类，并列举主要的直播平台 ● 概述商家、主播、网络直播营销平台及其他参与者应遵守的相关法律法规以及标准规范的内容 ● 说出直播发布的权限规则和浮现权的规则	
	3. 直播的风险及防范措施	● 列举直播常见的风险类别 ● 说出直播的风险防范措施	

（续表）

学习主题	内　　容	学　习　要　求	参考学时
12. 消费金融管理办法	1. 消费金融公司的基本概念和管理办法	● 说出消费金融公司的概念 ● 列举消费金融公司的业务范围 ● 说出消费金融公司的经营规范和管理办法	4
	2. 消费金融风险的种类和防范方法	● 列举消费金融风险的种类 ● 说出消费金融风险的防范方法	
	3. 金融消费者权益的法律保护制度	● 列举金融消费者的法律权利 ● 说出涉及互联网金融产品的监管部门 ● 说出金融消费者权益保护的投诉方式	
总学时			72

五、实施建议

（一）教材编写与选用建议

1. 应依据本课程标准编写教材或选用教材,从国家和市级教育行政部门发布的教材目录中选用教材,优先选用国家和市级规划教材。

2. 教材要充分体现育人功能,紧密结合教材内容、素材,有机融入课程思政要求,将课程思政内容与专业知识、技能有机统一。

3. 教材编写应以商业法律与法规课程所涵盖的学习内容和水平为指导,以本课程标准为依据,并充分体现学科型导向的课程设计理念。

4. 教材要以学习主题为载体,以职业能力要求为引领,强调理论知识必须够用的原则,提倡校企合作组织编写内容。

5. 凡工作岗位涉及的商业法律与法规基础知识,应以国家职业技能标准的内容为基准,并将其纳入教材。

6. 教材力求文字简练、指令明确。同时,应注意到本学科的快速发展和变化,注重与时俱进,争取将本学科的新知识、新规定、新技术、新方法融入教材之中。

（二）教学实施建议

1. 切实推进课程思政在教学中的有效落实,寓价值观引导于知识传授和能力培养之中,帮助学生塑造正确的世界观、人生观、价值观。深入梳理教学内容,结合课程特点,充分挖掘课程内容中的思政元素,把思政教学与专业知识、技能教学融为一体,达到润物无声的育人效果。

2. 教学内容从学习主题着手,通过设计不同的学习内容,培养学生掌握相应的理论知识以及提出问题、分析问题、解决问题的综合能力,达到理论指导实践的目的。学习内容的设计应体现针对性、必要性和完整性。学习水平的设置应体现中职教育的特征,联系生产实际,具有较强的可操作性。加强学生理论学习能力的培养,使学生能比较熟练和正确地利用商业法律与法规的相关知识解决实际经营问题。

3. 牢固树立以学生为中心的教学理念,充分尊重学生。教师应成为学生学习的组织者、指导者和同伴,遵循学生的认知特点和学习规律,围绕学生的"学"设计教学活动。

4. 改变传统的灌输式教学,充分调动学生学习的积极性、能动性,采取灵活多样的教学方式,积极探索自主学习、合作学习、探究式学习、问题导向式学习、体验式学习、混合式学习等体现教学新理念的教学方式,提高学生学习的兴趣。

5. 依托多元的现代信息技术手段,将其有效运用于教学,改进教学方法与手段,提升教学效果。

6. 注重培养学生遵守职业道德和职业守则的意识,具备细致耐心、吃苦耐劳的精神。

(三) 教学评价建议

1. 以课程标准为依据,开展基于课程标准的教学评价。

2. 以评促教、以评促学,通过课堂教学及时评价,不断改进教学手段。

3. 教学评价始终坚持德技并重的原则,构建德技融合的专业课教学评价体系,把思政和职业素养的评价内容与要求细化为具体的评价指标,有机融入专业知识与技能的评价指标体系之中,形成可观察可测量的评价量表,综合评价学生学习情况。通过有效评价,在日常教学中不断促进学生良好的思想品德和职业素养的形成。

4. 注重日常教学中对学生学习的评价,充分利用多种过程性评价工具,如评价表、记录袋等,积累过程性评价数据,形成过程性评价与终结性评价相结合的评价模式。

5. 注重对学生在理论学习中培养分析问题、解决问题能力的考核,对在商业法律与法规课程学习和应用上有创新的学生给予特别鼓励,综合评价学生的能力。

6. 在日常教学中开展对学生学习的评价时,充分利用信息化手段,借助各类较成熟的教育评价平台,探索线上与线下相结合的评价模式,提高评价的科学性、专业性和客观性。

(四) 资源利用建议

1. 利用现代信息技术,开发制作各种形式的教学课件,具体包括视听光盘、幻灯片、多媒体课件等,使教学过程多样化,丰富教学活动。

2. 注重网络课程资源的开发和利用。积极开发课程网站,创设网络课堂,使教学内容、教程、教学视频等资源网络化,突破教学空间和时间的局限性,让学生学得主动、学得生动,以激发学生思维与技能的形成和拓展。

3. 积极利用数字图书馆等数字资源,使教学内容多元化,以此拓展学生的知识和能力。

4. 充分利用行业企业资源,为学生提供阶段实训,让学生在真实的环境中实践,提升职业综合素质。

5. 充分利用连锁经营与管理实训中心,将教学与实训合一,满足学生综合能力培养的要求。

上海市中等职业学校专业教学标准开发

总项目主持人　谭移民

上海市中等职业学校
连锁经营与管理专业教学标准开发
项目组成员名单

项目组长	吴　凯	上海市现代职业技术学校
项目副组长	谢丽芳	上海市现代职业技术学校

项目组成员　（按姓氏笔画排序）

	王玉芹	上海市宝山职业技术学校
	王晓艳	上海立达学院
	王　朔	上海市现代职业技术学校
	李　樨	上海市现代职业技术学校
	吴　岚	上海科技管理学校
	陆静文	上海工商信息学校
	陈志红	上海市商业学校
	赵　钰	上海市现代职业技术学校
	侯瑞琪	上海市现代职业技术学校
	傅　瑜	百丽鞋业(上海)有限公司

上海市中等职业学校
连锁经营与管理专业教学标准开发
项目组成员任务分工表

姓　名	所 在 单 位	承 担 任 务
吴　凯	上海市现代职业技术学校	连锁经营与管理专业教学标准研究与推进
谢丽芳	上海市现代职业技术学校	专业教学标准研究与撰写、文本审核与统稿 承担商品管理实务课程标准研究与撰写
赵　钰	上海市现代职业技术学校	承担连锁企业经营实务课程标准研究与撰写 承担连锁企业物流管理课程标准研究与撰写
侯瑞琪	上海市现代职业技术学校	承担市场营销实务课程标准研究与撰写 承担商业法律与法规课程标准研究与撰写
王　朔	上海市现代职业技术学校	承担客户服务与管理课程标准研究与撰写
李　樨	上海市现代职业技术学校	承担商业数据统计与分析课程标准研究与撰写
吴　岚	上海科技管理学校	专业教学标准研究与撰写、文本审核与统稿 承担新媒体营销实务程课程标准研究与撰写
陆静文	上海工商信息学校	承担连锁门店数字化运营课程标准研究与撰写
王晓艳	上海立达学院	承担连锁企业网络零售实务课程标准研究与撰写
陈志红	上海市商业学校	专业教学标准研究与文本审核
傅　瑜	百丽鞋业（上海）有限公司	专业教学标准研究与文本审核
王玉芹	上海市宝山职业技术学校	专业教学标准研究与文本校对

图书在版编目（CIP）数据

上海市中等职业学校连锁经营与管理专业教学标准 / 上海市教师教育学院（上海市教育委员会教学研究室）编. 上海：上海教育出版社，2024.6.
— ISBN 978-7-5720-2793-2

Ⅰ. F717.6

中国国家版本馆CIP数据核字第20240GW593号

责任编辑　公雯雯
封面设计　王　捷

上海市中等职业学校连锁经营与管理专业教学标准
上海市教师教育学院（上海市教育委员会教学研究室）　编

出版发行　上海教育出版社有限公司
官　　网　www.seph.com.cn
地　　址　上海市闵行区号景路159弄C座
邮　　编　201101
印　　刷　上海昌鑫龙印务有限公司
开　　本　787×1092　1/16　印张 6.5
字　　数　126 千字
版　　次　2024年7月第1版
印　　次　2024年7月第1次印刷
书　　号　ISBN 978-7-5720-2793-2/G·2474
定　　价　38.00 元

如发现质量问题，读者可向本社调换　电话：021-64373213